Collection dirigée
par
Rémi Brissiaud

CE1

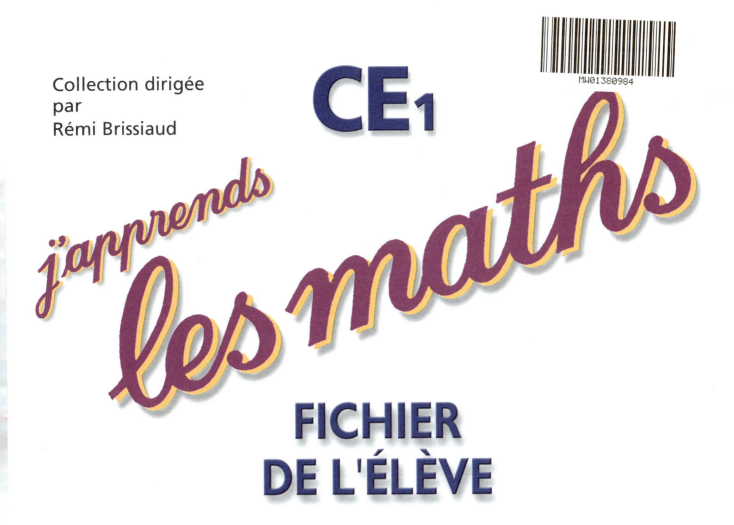

Rémi Brissiaud
Maître de conférences à l'IUFM de Versailles

Pierre Clerc
Instituteur

André Ouzoulias
Professeur à l'IUFM de Versailles

Illustrations :
Paul Beaupère - Michel Fayaud
Avec la participation de
Christian Galinet et d'Alvaro Parès

RETZ
www.editions-retz.com
1, RUE DU DÉPART
75014 PARIS

Présentation

Ce fichier, avec son livre du maître, est la nouvelle version de *J'apprends les maths CE1*.

Les choix pédagogiques fondamentaux de cette collection ont été confortés par les nouveaux programmes publiés en 2002 : importance du calcul réfléchi, de la résolution de problèmes variés, accent mis sur l'utilisation de schémas bien avant que la résolution à l'aide d'une opération arithmétique soit possible…

Les principales nouveautés de cette édition résident dans une meilleure prise en compte des difficultés d'apprentissage des nombres de 11 à 16 et de 70 à 99, dans l'introduction de nouvelles tâches au sein des Ateliers de Résolution de Problèmes (ARP) et dans une meilleure articulation du langage quotidien et du langage spécialisé des mathématiques.

Ce dernier souci nous avait déjà conduits à proposer deux versions de *J'apprends les maths CP* : la version « Picbille » et la version « Tchou ». Si, pour l'essentiel, celles-ci relèvent des mêmes choix pédagogiques, les élèves apprennent deux comptines numériques dans la version « Tchou », la comptine traditionnelle et une comptine régulière « à la chinoise » : « *un, deux, trois,… neuf, dix, dix et un, dix et deux, dix et trois,… dix et neuf, deux dix, deux dix et un, deux dix et deux, deux dix et trois,…* ». En effet, « deux dix » est aussi facile à comprendre que « deux cents » et ce langage aide à comprendre à la fois « vingt » et « deux dizaines ».
Ce nouveau *J'apprends les maths CE1* s'utilise dans le prolongement de l'une ou l'autre de ces deux versions.

Dans le texte qui suit, nous rappelons d'abord les options fondamentales qui étaient et restent les nôtres concernant l'apprentissage de la résolution de problèmes. Nous présentons ensuite les principales nouveautés en arithmétique. Celles qui concernent les Ateliers de Résolution de Problèmes sont présentées en page 4.
On trouve une présentation des évolutions en géométrie dans le livre du maître.

© Éditions RETZ/VUEF, 2002

Apprendre à résoudre des problèmes

Distinguer plusieurs niveaux de résolution

Il faut savoir que les élèves peuvent résoudre un grand nombre de problèmes avant tout enseignement des opérations arithmétiques. En fait, on peut distinguer 3 niveaux dans les procédures de résolution d'un problème arithmétique. Considérons, par ex., le problème suivant : « *Éric a 17 billes. Il gagne des billes. Après, il a 31 billes. Combien a-t-il gagné de billes ?* »

■ Au 1er niveau, l'enfant se livre à une sorte de mime de l'énoncé, soit avec du matériel, soit en faisant un schéma : il dessine 17 points (on peut lui recommander d'en dessiner 10 et d'aller à la ligne avant d'en dessiner 7 autres), il change de couleur, par exemple, et rajoute des points jusqu'à en avoir 31 en tout. Enfin, il compte combien il vient d'ajouter de points.

■ Au 2e niveau, pour un tel problème, l'élève fait par exemple des essais : « *17 + 10 = 27; avec 10 ce n'est pas assez* »; « *17 + 15 = 32; c'est 1 de moins, c'est 14* ». Dans ce cas, l'élève utilise le symbolisme arithmétique, mais il l'utilise dans un sens banal : le signe « + » dans ces égalités est une simple abréviation sténographique du mot « gagne » qui figure dans l'énoncé.

■ Au 3e niveau, l'élève calcule la soustraction 31 − 17 et, dans ce cas, le symbolisme arithmétique n'est plus une simple abréviation sténographique du langage ordinaire : Éric a gagné des billes et pourtant on peut faire une soustraction ! En fait, l'accès au 3e niveau dépend de l'appropriation par l'élève de l'équivalence suivante : il est équivalent de chercher ce qui reste quand on retire b au nombre a que de chercher ce qu'il faut ajouter à b pour avoir a. De manière générale, la conceptualisation arithmétique dépend de l'appropriation par les élèves de telles équivalences (pour la multiplication, par ex., chercher a fois b équivaut à chercher b fois a).

Distinguer deux sortes de séances

Dans le cas d'un problème comme le problème *Éric*, pour lequel il ne suffit pas d'utiliser le symbolisme arithmétique dans son sens banal, il est impossible que les élèves accèdent au 3e niveau de résolution tous en même temps : il n'y a, par ex., que 40 % environ d'élèves qui sont capables de résoudre ce problème à l'aide d'une soustraction en fin de CE1.

De plus, quand l'enseignant exige ou valorise ce type de résolution ou lorsqu'il la provoque en demandant à l'élève : « *Faut-il faire une addition, une soustraction ou une multiplication ?* », l'activité même de résolution de problèmes arithmétiques perd tout sens pour certains élèves : « *Jusque-là, quand dans un problème on gagnait des billes, je faisais une addition. Maintenant, il faut faire une soustraction. Je ne comprends plus !* ». Comment éviter ce genre de phénomène en classe ? Rappelons que dans *J'apprends les maths*, nous avons décidé de mettre en place 2 sortes de séances :

■ D'une part, des **Ateliers de Résolution de Problèmes** dans lesquels les élèves sont confrontés à des problèmes variés, certains qu'ils ne peuvent résoudre qu'aux 1er ou 2e niveaux parce qu'ils n'ont pas encore étudié l'opération mathématique correspondante, d'autres qu'ils sont susceptibles de résoudre au 3e niveau. Cependant, l'élève qui résout ceux-ci en faisant un schéma voit son travail apprécié tout aussi positivement que celui de l'élève qui les résout au 3e niveau ! Par ailleurs, les différents problèmes sont mélangés, de sorte que les élèves ne savent pas *a priori* à quelle sorte de problème ils ont affaire et sont donc toujours conduits à se demander : « *De quoi parle cet énoncé ?* ».

■ D'autre part, les autres séances où l'accent est fortement mis sur le **calcul réfléchi**. En effet, diverses recherches conduisent à penser que l'accès au 3e niveau de résolution des problèmes dépend des progrès dans ce domaine. Dans le cas de la soustraction, par ex., lorsqu'un élève sait calculer 31 − 17 « en avançant » (17, pour aller à 20, il faut 3 ; et pour aller à 31, il faut encore 11), il est clair que l'usage de cette opération devient compatible avec la résolution du problème *Éric,* dans lequel on cherche ce qu'il faut ajouter à 17 pour avoir 31.

Langages quotidien et arithmétique

Sens quotidien et sens arithmétique d'un mot

Pour favoriser la conceptualisation de la soustraction, une première stratégie pédagogique consiste donc à en enseigner le calcul réfléchi. L'usage du signe « – » devient ainsi compatible avec la recherche de la valeur d'un ajout (problème de type *Éric*). Mais au-delà, les élèves doivent savoir de manière explicite que le signe « – » symbolise le fait que le problème *Éric* et le problème « *Léa a 31 billes. Elle perd 17 billes. Combien en a-t-elle maintenant ?* » ont la même solution. À terme, lorsqu'on interroge les élèves sur les principaux types de problèmes que la soustraction permet de résoudre, ils doivent être capables d'évoquer d'autres situations que celle correspondant au sens typique, celui du retrait. En bref, quand le mot « moins » est le symbole de la soustraction, les élèves doivent être capables d'accéder à son sens arithmétique, au-delà de son sens quotidien.

Le mot « différence »

Dans cette édition, nous proposons une nouvelle stratégie pédagogique pour favoriser l'accès au sens arithmétique du mot « moins ». Elle consiste, dans un premier temps, à prendre appui sur le mot « différence » en lui donnant une définition arithmétique indépendamment de toute idée de soustraction. Il est simple en effet de définir la différence de deux collections comme, d'une part, ce qui dépasse dans la grande collection lorsqu'on met les deux collections en correspondance 1 à 1 (chercher l'« écart ») et, d'autre part, ce qu'il faut ajouter à la petite collection pour qu'elle ait la taille de la grande (égaliser). Dès ce moment, le mot « différence » est ainsi le symbole de l'équivalence entre deux procédures dissemblables : lorsqu'on cherche un écart, on segmente une collection (la grande) ; lorsqu'on cherche à égaliser, on ajoute des éléments à une collection (la petite). Dans un second temps, pour résoudre un problème de recherche d'une différence quand le petit nombre est très petit (« *Luc a 41 images et Sophie a 3 images...* », par ex.), les élèves découvrent facilement que la soustraction permet de calculer cette différence. Dès lors, le signe « – » fonctionne également comme le symbole de la recherche d'une différence ; il ne signifie plus seulement la recherche du résultat d'un retrait. D'autres significations viendront ensuite s'agréger à ces deux premières.

Le mot « groupe »

Les nouveaux programmes remarquent avec raison que le mot « dizaine » est mal compris des élèves. Ils proposent d'utiliser la locution « paquet de 10 ». Nous lui avons préféré « groupe de 10 », parce que le mot « groupe » a un sens plus abstrait : il renvoie à la fois à une action (« *groupe ces objets par 10* ») et au résultat de cette action. Par rapport à la version antérieure de *J'apprends les maths CE1*, le progrès est triple :

■ **1** En appelant la boîte de Picbille un « groupe de 10 », on aide les élèves à comprendre que sa boîte est l'équivalent d'un paquet de bonbons quand ceux-ci sont conditionnés par 10, d'une équipe de 10 joueurs, d'un trait de 10 cm... : dans tous ces cas, on peut parler de « groupe de 10 ». On aide dans le même temps les élèves à généraliser à ces autres contextes les propriétés qu'ils découvrent avec Picbille (130, par ex., c'est 13 groupes de 10).

■ **2** Le mot « groupe » permet, de manière plus accessible que le mot « fois », de décrire un grand nombre de situations de multiplication (*Combien d'objets dans 4 groupes de 3 objets ?*) et de division (*Combien peut-on former de groupes de 5 avec 15 objets ? ; 15 est un multiple de 5, car c'est 3 groupes de 5*).

■ **3** Comme les élèves utilisent le même mot « groupe » pour comprendre, d'une part, la numération et, d'autre part, la multiplication et la division (ou les multiples), les connaissances acquises dans l'un de ces domaines sont plus facilement réinvesties dans l'autre. Les tâches qui relèvent de l'un et l'autre domaine (13 x 10 = ? ; 130 est-il un multiple de 10 ?) s'en trouvent facilitées.

Il est important de remarquer que cela n'interdit nullement l'usage des mots « dizaine » et « fois » : il s'agit seulement de permettre aux élèves de s'approprier progressivement le sens de ces mots en utilisant un mot du langage quotidien dont le sens s'approche de celui de chacun d'eux.

L'apprentissage du calcul numérique

Les nombres de 11 à 16 et de 70 à 99

Dans cette édition, une place plus importante est accordée au calcul avec ces nombres, dont la désignation orale est irrégulière. Trop souvent, en effet, on sous-estime la difficulté que ces irrégularités continuent à représenter pour de nombreux élèves de CE1. Considérons ainsi les calculs : « *trente-deux + six = ?* » et « *douze + six = ?* ». Ce dernier est le plus difficile des deux. Cela peut sembler paradoxal du fait que les nombres y sont plus petits. Cependant, dans « trente-deux » on entend le nombre d'unités (deux) et non dans « douze ». Le second calcul ne se ramène au premier que lorsqu'on sait décomposer douze en « dix et deux ».

Comme les calculs du type « *douze + six = ?* » incitent les élèves à décomposer ces nombres, ils les aident dans le même temps à s'approprier les décompositions correspondantes et donc à surmonter l'obstacle de l'irrégularité de désignation. C'est pourquoi nous proposons de nombreux calculs numériques de ce type. On remarquera cependant qu'on ne peut attendre un tel bienfait du calcul numérique avec ces nombres que dans la mesure où le calcul est proposé oralement, ou bien, quand il l'est par écrit, si cet écrit est alphabétique : si les nombres étaient écrits en chiffres, l'écriture chiffrée fournirait la décomposition, l'élève n'aurait plus à la produire.

L'obligation de lire des écritures littérales ne risque-t-elle pas de mettre en échec les élèves qui ont encore des difficultés de lecture à l'entrée du CE1 ? Pour les aider dans la lecture des nombres de onze à vingt, par ex., les élèves découvrent ces écritures littérales alors qu'elles sont l'une à la suite de l'autre : onze douze treize quatorze, etc. L'élève qui ne sait pas comment se lit « treize » dans un calcul peut se reporter à cette file, retrouver la graphie « treize » dans la file et, en comptant depuis le début, accéder à sa lecture [trɛz].

Disons-le clairement : notre expérience nous incite à penser que lorsque des enfants faibles lecteurs apprennent ainsi à se débrouiller avec ce lexique limité dont une des caractéristiques est qu'il se « phonétise » mal (orthographe complexe), ils échappent souvent à un décodage trop séquentiel et progressent en lecture aussi bien qu'en mathématiques !

La visualisation mentale par reconstitution de la vision d'autrui

Dans cette version de *J'apprends les maths CE1*, nous utilisons un nouveau procédé pédagogique où l'enseignant aide l'enfant à visualiser mentalement une configuration de points de la manière suivante : il prend un carton sur lequel 14 points, par exemple, sont dessinés comme ci-dessous.

Il présente ce carton de sorte que les élèves n'en voient que le verso et leur demande de décrire ce que lui, l'enseignant, voit. Et s'il s'agit d'enseigner le calcul de 14 – 2, par exemple, l'enseignant cache les 2 points situés en haut avec un autre carton, avant d'interroger à nouveau les enfants sur ce qu'il voit maintenant. Un tel scénario est une aide importante à l'évocation mentale de configurations de points et à l'évocation des transformations qui affectent ces configurations : il est en effet plus facile de reconstituer la vision d'autrui que de faire appel à son seul souvenir.

Nous utilisons ce scénario non seulement avec des configurations de points mais aussi avec la « boîte de Picbille ». S'il s'agit d'aider à la visualisation mentale d'une boîte qui contient 7 jetons, par exemple, celle-ci est tenue de sorte que c'est l'enseignant qui voit les 2 jetons et les 3 cases vides du compartiment ouvert, et non les élèves : leur tâche est précisément de reconstituer cette vision.

Les auteurs

L'organisation en 4 périodes

Celles-ci constituent des unités pédagogiques qui sont sans rapport avec les périodes délimitées par les congés scolaires. Le contenu de ces périodes est présenté dans un cadre en tête de chacune d'elles.

Un code de couleurs permet de savoir si une activité est un moment de :
– découverte
– d'appropriation
– d'entretien

Exemple dans une page de la première période :

Cadre à la couleur forte : découverte d'une nouvelle notion ou d'un nouvel outil.

Cadre à la couleur légère : activité d'appropriation de ces nouveautés.

Cadre grisé : activité d'entretien des notions ou des outils introduits dans des séquences antérieures.

Les Ateliers de Résolution de Problèmes : « mode d'emploi »

Toutes les 8 séquences en moyenne, une double page est consacrée à un ARP.

Page de gauche

Partie supérieure : dans une image ou un document, les élèves doivent **chercher les informations pertinentes** pour résoudre un (des) problème(s).

Partie inférieure : jusqu'à la fin de la 2e période, les élèves doivent trier, parmi un ensemble de questions, celles dont la solution peut être calculée. Ils s'approprient ainsi **les particularités de ce genre de texte** (l'énoncé de problème) et progressent aussi dans la compréhension des problèmes numériques (voir ci-après). Dès la fin de la 2e période, ils doivent eux-mêmes rédiger des questions (voir également ci-après).

Page de droite

Partie supérieure : pour un problème qu'ils auront formulé (voir ci-après) ou qui leur est donné (au début de la 3e période), les élèves doivent déterminer quelles solutions sont justes parmi 3. Au début de l'année, ces solutions sont des schématisations. Au début de la 3e période, on voit aussi apparaître, parmi les 3 solutions, des écritures arithmétiques. Les élèves sont ainsi amenés à **analyser des erreurs**. Ils apprennent à résoudre des problèmes par des schémas et par des écritures arithmétiques.

Partie inférieure : face à des problèmes variés, les élèves peuvent faire un schéma, écrire une égalité ou expliquer leur solution, c'est-à-dire **utiliser des procédures diverses**. Ils peuvent ainsi résoudre par des schémas des problèmes pour lesquels ils ne savent pas encore mobiliser une opération arithmétique (cf. Présentation p. 2).

Un cahier d'ARP...

Le travail dans les ARP exige l'utilisation d'un cahier (ou d'un classeur) séparé. Les élèves peuvent y réaliser leurs schémas ou écrire leurs opérations, et y rédiger leurs solutions.

Une nouvelle tâche dans les Ateliers de Résolution de Problèmes (ARP)

Dans cette nouvelle édition, dès le premier ARP (seq 9-10) et jusqu'à la fin de la 2e période, les élèves sont confrontés à une tâche du type suivant dans l'activité 1 de la page de droite :

> **Problème :** M. Martin a acheté 17 poires.
> Ses enfants mangent 3 de ces poires.
> *On peut chercher combien* ....

À partir de la 3e période, c'est dans l'activité 2 de la page de gauche que les élèves retrouvent cette tâche, mais dans des cas où plusieurs questions sont possibles (dans le problème ci-dessous, par exemple, on peut chercher aussi bien la somme que la différence) :

> **Problème :** Marc a 31 € et Sophie a 27 €.
> *On peut chercher combien* ....

Les élèves doivent déterminer eux-mêmes ce qui, habituellement, constitue **la ou les questions d'un problème**. Il s'agit d'une tâche difficile et, lors des premiers ARP au moins, nous conseillons de la traiter collectivement (après une phase de recherche individuelle). Pourquoi la proposons-nous dès ce niveau de la scolarité ?

Cette tâche se situe dans le prolongement de celle qu'on trouve en début d'année en bas à gauche des ARP et où les élèves doivent trier, parmi un ensemble de questions, celles dont la solution peut être calculée. Dans la nouvelle tâche, comme dans celle où l'on trie les questions, les élèves sont conduits à adopter le point de vue quantitatif approprié sur les données de l'énoncé : dans le problème *M. Martin*, par exemple, il n'est pas pertinent de se demander si les poires sont mûres, ni de s'interroger sur leur prix. Mais, de plus, en produisant eux-mêmes la question, les élèves en proposent différentes formulations : « *Combien de poires reste-t-il ?* », « *Combien de poires peuvent-ils encore manger ?* ». Cette activité langagière où la question canonique (avec le mot « reste ») se trouve reformulée avec un langage plus quotidien est évidemment source de progrès.

Les mêmes données peuvent également conduire à diverses questions canoniques. Dans le cas du problème *Marc et Sophie*, par exemple : « *Quelle est la différence entre...* », ou « *Combien manque-t-il à Sophie...* », ou « *Combien Marc a-t-il de plus que Sophie ?* », ou « *Combien Sophie a-t-elle de moins que Marc ?* ». La prise de conscience de cette diversité est ici source de progrès dans la compréhension de la notion de différence.

Index
(par numéro de séquence)

ARITHMÉTIQUE

Représenter les nombres
(ordre alphabétique)

Boîtes, valises et caisses de Picbille 2, 5, 39, 106
Collections organisées par paires 13
Compteur 33, 39, 40, 51, 106
Constellations du dé 1, 2, 47, 48
Écritures littérales de « un » à « cent » 1, 5, 19
File numérique 1 et suivantes
Monnaie (les centimes) 89
Numération décimale 11, 29 et suiv., 39 et suiv., 106 à 108
Planche des nombres comme Picbille et Dédé 158-159
Rangement de nombres 67, 108

Les symboles arithmétiques

Les signes + et = 1
Le signe – 6
Les signes =, > et < pour introduire les décompositions 8
Addition réitérée et multiples d'un nombre 27, 28, 36
Le signe x 71, 72, 74
La soustraction pour calculer une différence 79, 83, 84
Réversibilité de l'addition et de la soustraction 98

Le calcul réfléchi

Addition
Sommes ≤ 10 1 et suivantes
Compléments à 10 4
Retour aux 5 (7 + 5 par ex.) et doubles (6 + 6, par ex.) 7
Retour au double (6 + 7 = 6 + 6 + 1 par ex.) 13
Le passage de la dizaine 14
Sommes diverses < 100 19, 20, 23, 31, 33, 37
Sommes du type 60 + 80 41
Compléments à 100 111

Soustraction
Calculer $a - b$ pour $a ≤ 20$ 6, 47, 48
Retirer 10 à un nombre à 2 ou 3 chiffres 51
Calculer $a - b$ « en avançant » pour $a ≤ 100$ 59
Calculer $a - b$ « en reculant » pour $a ≤ 100$ 63

Multiples et multiplication
Multiples de 3 et de 5 27, 28
Multiples de 10 36, 40, 44
Multiplications faciles (n x 1 ; n x 2 ; n x 10, etc.) 72
Multiplication par 10 d'un nombre à 2 chiffres 76
Tables de 3 à 5 80, 88, 100
Multiplications du type 2 x 300 et 30 x 5 82
Tables de 6 à 9 (découverte) 105

Doubles et moitiés
Double des nombres de 1 à 10 7
Double de 15, 20, 25, 30, 35,… 85
Moitié des nombres 20, 30, 40, 50,… 96
Moitié des nombres pairs < 100 99

Calculer avec les grands nombres

L'addition en colonnes 56, 58, 60
La multiplication en lignes (par n à un chiffre) 92
Calculer $a - b$ pour $a > 100$ 101
La calculette pour vérifier un calcul 110, 111
La multiplication en colonnes (par n à un chiffre) 112

Atelier de Résolution de Problèmes

Problèmes dits d'addition
Décompositions de 10 9
Décompositions de 100 61
Sommes et comparaisons de longueurs 54

Problèmes dits de soustraction
Recherche du résultat d'un retrait 10
Comparaison de deux collections 35
Différence de deux longueurs 86

Problèmes dits de multiplication
Problèmes du type a groupes de b unités 18, 25, 69, 77, 78
Problèmes du type a objets à b € l'un 26, 70, 87
Partages équitables (la valeur des parts est connue) 95

Problèmes dits de division
Partages équitables (la valeur des parts est inconnue) 46
Problèmes de quotition (combien de fois b dans a ?) 55, 114

Divers
Tableaux à double entrée 17, 113
Problèmes de géométrie 34, 103
Problèmes sur le temps (calendrier, emploi du temps) 45, 102
Problème de logique 62
Approche de la proportionnalité 77
Lien entre ordinal et cardinal 94

GÉOMÉTRIE

Tracés à la règle et traits droits 3
Alignements de points 12
Passer d'une représentation 3 D au plan 34, 42
Repérage de nœuds et déplacements sur quadrillage 49
Reproduction de figures sur quadrillage 53
Symétrie 64, 65
Le cercle et le compas 73
Les solides (cylindres, tétraèdres, pavés et cubes) 75, 93, 97
Les rectangles 100
Milieu d'un trait droit 104
Les carrés 109

Mesure

Longueur (cm, m, km) 15-16, 21, 24, 30, 50, 54, 57, 86, 107
Temps (calendrier, heures et minutes) 45, 52, 90, 102
Masses (g et kg) 66, 107
Angles divers et angle droit (comparaisons) 81

ÉVALUATIONS (bilans) 22, 38, 68, 91, 115

SÉQUENCE 1 — Première période

Égalités numériques ; écriture littérale des nombres ≤ 10

Arithmétique : les 100 premiers nombres, calcul réfléchi de l'addition et de la soustraction, multiples d'un nombre.
Géométrie : tracer à la règle, alignement, mesure de longueur.

---

❶ Ces enfants ont lancé deux dés. *Qui a le score le plus élevé ?*
Écris les égalités.

Mélanie : 6 + 2 = ……   Sébastien : ……………   Cécile : ……………

 …………………… a le score le plus élevé.

Écris les égalités.

……………   ……………   ……………   ……………

---

❷ La suite des nombres de 1 à 10 est écrite ci-dessous. Lis-les.

| un | deux | trois | quatre | cinq | six | sept | huit | neuf | dix |

Où est écrit 4 ? 6 ? 9 ? Complète.

2 : *deux*   7 : ……………   3 : ……………   9 : ……………

10 : ……………   4 : ……………   8 : ……………   5 : ……………

Calcule et écris les résultats en chiffres, comme dans l'exemple.

deux + cinq = 7   six + trois = ……   un + sept = ……

trois + trois = ……   deux + huit = ……   trois + quatre = ……

deux + sept = ……   trois + deux = ……   quatre + cinq = ……

---

❸ Complète.

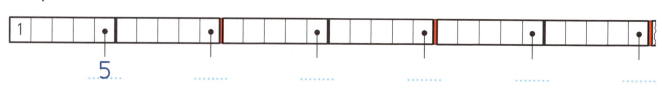

---

❶ Produire des égalités numériques.
❷ Savoir écrire en lettres les 10 premiers nombres. La file des écritures littérales aide les élèves de la manière suivante : celui qui ne sait pas écrire 7 en lettres, par ex., compte les cases de la file jusqu'à ce nombre et il retrouve l'écriture « sept » dans la case correspondante.
❸ Les repères 5, 10, etc. sur une file numérique qui n'est pas remplie.

Le repère 5 (boîte de Picbille et « nombres comme Dédé »)

SÉQUENCE 2

Écris ton prénom et le nom de ton école.

Ce fichier appartient à : ....
École : ....

1 Picbille range des billes dans sa boîte.
Dédé dessine le même nombre de points.
Observe.

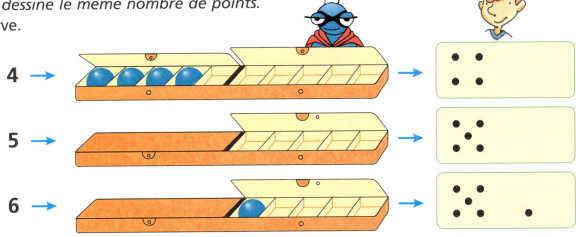

Dessine les billes dans les boîtes et colle les couvercles*.
Puis dessine les points comme Dédé.

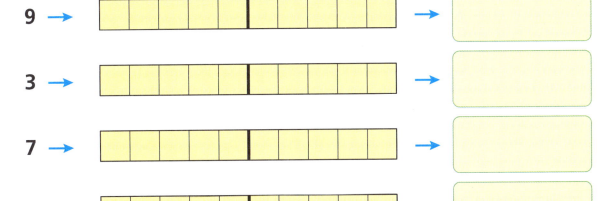

*Les couvercles se trouvent à la fin de ton fichier.

2 Calcule et écris les résultats en chiffres.

un + huit = ...   six + deux = ...   trois + cinq = ...

quatre + quatre = ...   deux + trois = ...   un + six = ...

3 La file de la page 6 se continue ici. Complète.

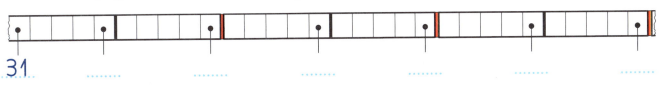

31

① Deux modes de représentation des nombres qui privilégient le repère 5 : la « boîte de Picbille » et les « nombres comme Dédé ». Au CP, pour les élèves qui ont utilisé la version « Tchou » de J'apprends les maths, la boîte s'appelait « boîte de Tchou ». Quand un élève dessine 8 « comme Dédé », par ex., on accepte indifféremment ⋮⋮ ⋅⋅ et ⋮⋮ ⋮.

③ Les repères 35, 40, etc. sur une file numérique qui n'est pas remplie.

SÉQUENCE 3 — Tracer à la règle

Dictée
Additions

1. Observe.

Sur cette feuille, on a dessiné 2 points.

On a donné un nom à ces 2 points : A et B.

On a joint ces 2 points sans utiliser la règle. On obtient : « le trait AB ».

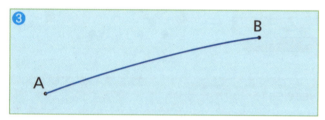

Le trait AB n'est pas droit !
Quand on pose la règle sur les extrémités…

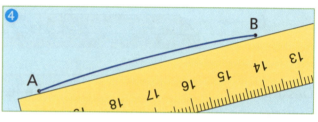

2. Géom a tracé les traits AB, BC, CD, DE et EA.
Vérifie qu'ils sont tous droits.

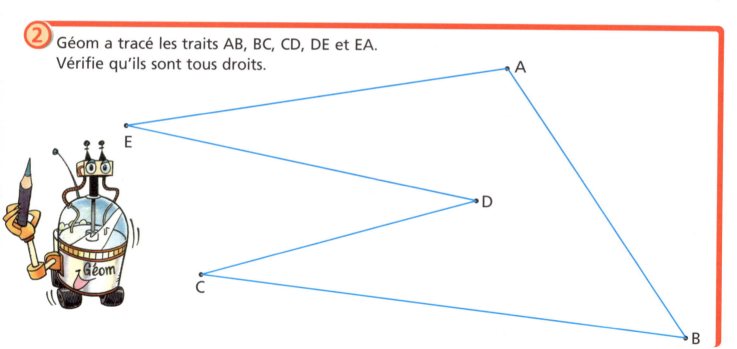

5. Calcule et écris les résultats en chiffres.

| un | deux | trois | quatre | cinq | six | sept | huit | neuf | dix |

deux + quatre = ...   quatre + trois = ...   six + trois = ...

cinq + cinq = ...   sept + deux = ...   deux + six = ...

un + neuf = ...   quatre + six = ...   cinq + trois = ...

Dictée : nombres entre 11 et 20. **Additions** : de la forme 2 + 6, 4 + 3, etc. (résultat ≤ 10). Quand deux activités sont proposées en début de séance, la 1re se déroule entièrement sur ardoise, la 2de débute sur ardoise et se termine par une interrogation sur le fichier.

❶ à ❹ Après avoir appris à dénommer des points avec des lettres, on retrouve les deux personnages introduits au CP : Géom, un robot « high tech » qui ▷

③ Couic-Couic a tracé les traits AB, BC, CD, DE et EA.
Il a fait 3 erreurs. Lesquelles ?

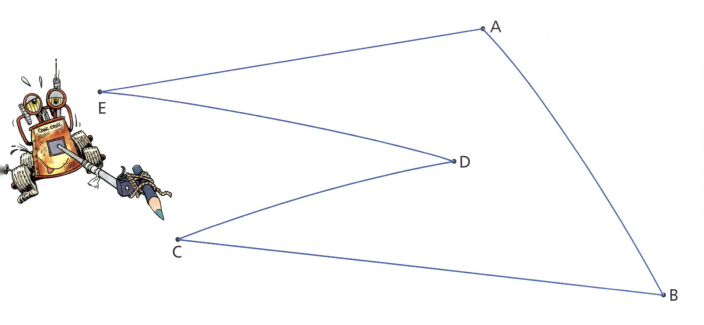

Les traits .... ne sont pas droits.

④ Trace les traits AB, CD, DE et EA pour qu'ils soient droits.

• A

• E

• D

• C

• B

⑥ Dessine les billes et colle les couvercles. Puis dessine les points comme Dédé.

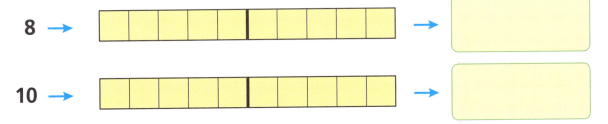

SÉQUENCE 4 — Compléments à 10

Additions

1
Picbille veut une boîte pleine.

« J'ai déjà rangé 9 billes. Imagine le nombre de cases vides. »

Dessine dans le chariot les billes nécessaires et complète :

…… + …… = 10

Il y a 7 billes dans la boîte.

…… + …… = 10

Il y a 4 billes dans la boîte.
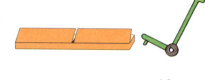
…… + …… = 10

Il y a 2 billes dans la boîte.

…… + …… = 10

Il y a 6 billes dans la boîte.

…… + …… = 10

Il y a 8 billes dans la boîte.
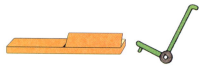
…… + …… = 10

Il y a 3 billes dans la boîte.

…… + …… = 10

2 Dessine comme Dédé.

9 →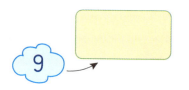

10 →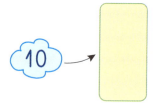

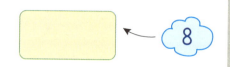 ← 8

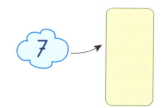 ← 7

3 Calcule et écris les résultats en chiffres*.

un + trois = ……
deux + quatre = ……
six + quatre = ……
trois + cinq = ……
sept + trois = ……

*Tu peux utiliser la planche des nombres écrits en lettres de la fin de ton fichier.

4 Complète.

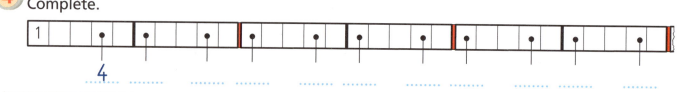

Les nombres entre 10 et 20

SÉQUENCE 5

| Compléments à 10 | ... + ... = 10 | ... + ... = 10 | ... + ... = 10 | ... + ... = 10 | ... + ... = 10 |

① La suite des nombres de 11 à 20 est écrite ci-dessous. Lis-les.

| onze | douze | treize | quatorze | quinze | seize | dix-sept | dix-huit | dix-neuf | vingt |

Où est écrit 12 ? 17 ? 20 ?

② Picbille et Dédé mettent leurs billes ensemble.
Colle les couvercles et écris combien il y a de billes en tout.

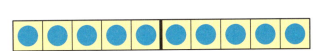

En lettres : *il y a* .... *billes.*
En chiffres : *il y a* .... *billes.*

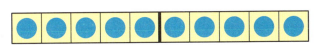

En lettres : *il y a* .... *billes.*
En chiffres : *il y a* .... *billes.*

En lettres : *il y a* .... *billes.*
En chiffres : *il y a* .... *billes.*

Écris le nombre de billes en lettres, puis en chiffres.

En lettres : *il y a* .... *billes.*
En chiffres : *il y a* .... *billes.*

En lettres : *il y a* .... *billes.*
En chiffres : *il y a* .... *billes.*

③ Imagine la boîte et les billes et complète comme dans l'exemple.

dix + trois = *treize*   dix + un = ...   dix + sept = ...
dix + cinq = ...   dix + six = ...   dix + quatre = ...

④ Complète.

31

Compléments à 10 : l'enseignant propose un nombre (n ≤ 10), l'élève trouve le complément à 10 et écrit l'égalité.

① à **③** Les élèves peuvent retrouver comment 13, par ex., s'écrit en lettres en comptant les étiquettes dans l'ordre : « onze, douze, treize ». Deux contextes de production d'une écriture littérale sont proposés : les nombres « comme Picbille et Dédé » et des sommes du type : *dix + trois*.

SÉQUENCE 6

Calcul réfléchi d'une soustraction $a - b$ (pour $a \leq 10$)

| Compléments à 10 | .... + ... = 10 | .... + ... = 10 | .... + ... = 10 | .... + ... = 10 |

1 L'écureuil a 9 noisettes.
Il va donner 2 noisettes à Petitefaim
et les autres à Grossefaim.

Dédé a 9 billes.
Il va donner 2 billes à Minibille
et les autres à Maxibille.

Grossefaim compte 9 – 2   Maxibille calcule 9 – 2

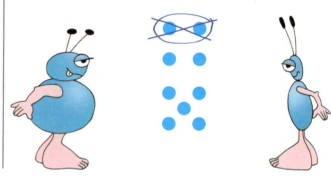

Qui voit le mieux ce qu'il aura ? Grossefaim ou Maxibille ?

L'écureuil a 8 noisettes.
Il va donner 6 noisettes à Grossefaim
et les autres à Petitefaim.

Dédé a 8 billes.
Il va donner 6 billes à Maxibille
et les autres à Minibille.

Petitefaim compte 8 – 6   Minibille calcule 8 – 6

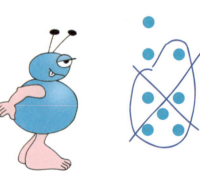

Qui voit le mieux ce qu'il a barré ? Petitefaim ou Minibille ?

Calcule en dessinant comme Dédé.

8 – 2 = ...   8 – 7 = ...   10 – 3 = ...   6 – 4 = ...

3 Imagine la boîte et les billes et complète comme dans l'exemple.

| onze | douze | treize | quatorze | quinze | seize | dix-sept | dix-huit | dix-neuf | vingt |

dix + deux = *douze*   dix + quatre = ...   dix + cinq = ...

dix + huit = ...   dix + six = ...   dix + un = ...

Compléments à 10 : idem sq 5.

1 Les écureuils, contrairement aux « Picbilles », n'organisent rien et ils sont obligés de compter. Qu'on retire peu ou beaucoup, on a toujours intérêt à utiliser le repère 5 pour bien voir ce qui reste dans un cas, ce qu'on a retiré dans l'autre.

2 Dans un premier temps, cette activité de « visualisation mentale » (cf. Présentation p. 3) peut être animée par l'enseignant ▷

.... + ... = 10   .... + ... = 10   .... + ... = 10   .... + ... = 10   .... + ... = 10

② Tu vas apprendre à calculer des soustractions sans dessiner.
Cas où on « retire peu » : 9 – 3

9 – 3 = ...

Cas où on « retire beaucoup » : 10 – 8

10 – 8 = ...

Imagine ce que voit Dédé (cache-t-il en haut ou en bas ?) et complète l'égalité.
Si tu n'es pas sûr(e), dessine sur ton ardoise.

9 – 7 = ...   9 – 1 = ...   8 – 8 = ...   7 – 5 = ...
7 – 3 = ...   7 – 6 = ...   6 – 2 = ...   10 – 2 = ...
10 – 9 = ...   6 – 2 = ...   7 – 0 = ...   9 – 8 = ...

④ Dessine comme Dédé.

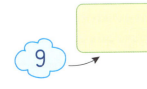

▷ avec : 4 – 1, 8 – 2, 9 – 8, 10 – 3, 7 – 5, 5 – 2, 10 – 8, 9 – 2, 7 – 1 (réponse sur ardoise). Il suffit de fabriquer sept cartons avec 4, 5, 6, 7, 8, 9 et 10 points. Les cartons sont toujours tenus avec les 5 points groupés en bas. Quand on retire un petit nombre, on cache les points du haut, alors qu'on cache ceux du bas quand on retire un grand nombre. On vérifie en retournant le carton et le cache et en rejouant de façon visible les deux étapes du scénario.

SÉQUENCE 7
Calcul réfléchi de l'addition : n + 5 et doubles

Soustractions ○ ○ ○ ○ ○ ○ ○ ○

1

L'écureuil compte 7 + 5

Vérifie et complète : 7 + 5 = ...

Dédé calcule 7 + 5

« Ça fera dix et deux, c'est... »

7 + 5 = ...

L'écureuil compte 8 + 8

Vérifie et complète : 8 + 8 = ...

Dédé calcule 8 + 8

« Ça fera dix et... »

8 + 8 = ...

2 Tu vas apprendre à calculer des additions sans dessiner.
Par exemple : 8 + 5

a

« J'ai pris le carton, sur lequel je vois 8 points. Imagine ce que je vois. »

b

« J'ai pris un autre carton, sur lequel je vois 5 points. Imagine-le. »

« Combien y a-t-il de points en tout ? 8 + 5, égale... »

8 + 5 = ...

Imagine ce que voit Dédé et complète l'égalité. Si tu n'es pas sûr(e), dessine.

5 + 9 = ...   9 + 9 = ...   7 + 7 = ...   5 + 8 = ...

6 + 6 = ...   6 + 5 = ...   5 + 3 = ...   7 + 5 = ...

3 Écris la table des doubles de 5 + 5 à 9 + 9.

5 + 5 = 10   6 + 6 = ...

Soustractions : on commence par l'activité de « visualisation mentale » décrite sq 6 (réponse sur l'ardoise puis sur le fichier).

1 Comparaison du comptage et du calcul dans le cas des doubles et de l'ajout de 5. La stratégie utilisée est un « retour au(x) cinq ». Par ex. : 7 + 7 est calculé comme 5 + 5 + 2 + 2.

2 Pour animer ce scénario, il faut 2 séries de cartons de 6 à 9 points et un carton de 5 points. Tous les calculs que les élèves devront refaire seuls sur leur fichier peuvent être proposés (réponse sur ardoise).

Les signes =, > , < pour introduire les décompositions

SÉQUENCE 8

Additions ○ ○ ○ ○ ○ ○ ○ ○

① Rappelle-toi :

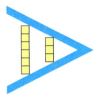   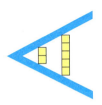

6 > 3   2 < 5

Observe.

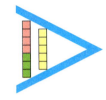   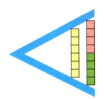

4 + 3 > 5   6 < 4 + 4

② Place le signe qui convient : =, > ou <.

23 19   5 + 7 10   5 + 9 13
9 12   20 ..... 2 + 8   11 ..... 6 + 5
30 29   14 ..... 4 + 10   8 + 5 14

Place le signe qui convient : =, > ou <*.

dix + quatre ..... seize   onze ..... dix + un   dix + deux ..... treize
douze ..... dix + deux   quatorze ..... dix + trois   dix + six ..... seize

*Tu peux utiliser la planche des nombres écrits en lettres de la fin de ton fichier.

③ Jeu du nombre Mystérieux

RÈGLE DU JEU :

Si tu calcules bien ces opérations, tu retrouveras tous les nombres inscrits dans les cercles, **sauf un**. C'est **le nombre mystérieux**.

Mais fais attention, il y a des additions et des soustractions !

2   3   4   5   6
7   8   9   10 12

8 − 3 = ...   9 − 2 = ...   4 + 4 = ...
9 − 6 = ...   4 + 6 = ...   7 − 3 = ...
5 + 7 = ...   10 − 8 = ...   2 + 4 = ...

Le nombre mystérieux :

Additions : n + 5 et doubles. On commence par l'activité de « visualisation mentale » décrite sq 7 (réponse sur ardoise puis sur fichier).

❶ et ❷ Quand il faut placer le signe qui convient entre « 14 » et « 4 + 10 », par ex., l'égalité exprime une décomposition. Pour faciliter le choix entre > et <, les schémas du haut seront rappelés dans les pages suivantes.

❸ Introduction du jeu. Additions et soustractions sont mélangées.

SÉQUENCE 9

ARP Atelier de Résolution de Problèmes

Soustractions ◯ ◯ ◯ ◯ ◯ ◯ ◯ ◯

① Observe cet extrait de catalogue :

1 ▶ Julie a dépensé 10 € exactement en achetant 2 objets différents. Lesquels ?
....

Écris une égalité : ....

2 ▶ Fatou a dépensé 10 € exactement en achetant 3 objets différents. Lesquels ?
....

Écris une égalité : ....

3 ▶ Grégory a dépensé 10 € exactement en achetant 4 objets différents. Lesquels ?
....

Écris une égalité : ....

② Imagine : *Léa, Loïc et Olivier veulent faire un cadeau à leur papa pour son anniversaire. Léa a 5 euros. Loïc a 4 euros. Olivier a 7 euros.*

Barre les questions quand on ne peut pas savoir.
Réponds aux autres questions.

1 ▶ *Combien d'argent ont-ils ensemble ?* ....

2 ▶ *Quel âge a leur papa ?* ....

3 ▶ *Peuvent-ils acheter ensemble un cadeau à 15 euros ?* ....

4 ▶ *Peuvent-ils acheter le stylo-plume que leur papa a vu chez le libraire ?* ....

5 ▶ *Combien leur manque-t-il pour acheter un cadeau à 20 euros ?* ....

Soustractions : si le niveau des élèves le permet, le scénario de visualisation mentale de la sq 6 est seulement évoqué. Par ex., pour calculer 9 − 3 : *« Faudrait-il cacher en haut ou en bas ? »*. Dans certains cas, 7 − 3, par ex., les deux stratégies se valent.

① Rechercher dans une image les informations pertinentes pour résoudre un problème.

② Comprendre ce qu'est un énoncé de problème en jugeant si des questions sont pertinentes ou non dans le contexte de cette tâche.

Atelier de Résolution de Problèmes ARP

SÉQUENCE 10

Additions

① *Problème :* Monsieur Martin a acheté 17 poires. Ses enfants mangent 3 de ces poires.

Que peut-on chercher ? Complète :

On peut chercher combien ....

Pour résoudre ce problème, Sébastien, Mélanie et Cécile ont fait un schéma.
Deux schémas sont justes. Lesquels ? Entoure-les.

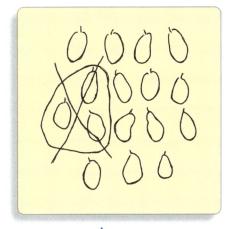
Sébastien

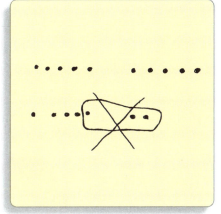
Mélanie

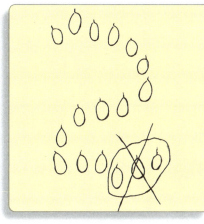
Cécile

Le schéma de .... *est faux parce que* ....

Écris une phrase pour dire quelle est la solution du problème : ....

② **Problèmes à résoudre sur le cahier**

Réponds (tu peux faire un schéma, écrire une égalité ou expliquer ta solution).

1 ▶ Olivia a fait un collier avec 11 perles bleues et 8 perles rouges.

Combien de perles y a-t-il sur le collier d'Olivia ?

2 ▶ Dans une classe de 24 élèves, tous les élèves ont leur ardoise sauf 3.

Combien d'élèves ont leur ardoise ?

3 ▶ Marie a 12 images. Elle donne 3 images à Julie.

Combien d'images Marie a-t-elle maintenant ?

4 ▶ Paul a 8 images. Son copain Samuel lui donne 5 images.

Combien d'images Paul a-t-il maintenant ?

Additions : idem sq 8.

① En début d'activité, dire ce qu'il est possible de chercher est une tâche difficile. Il en est de même, en fin d'activité, de l'explication de l'erreur. Ces 2 tâches peuvent être traitées collectivement après une courte phase de recherche individuelle. On apprend ici à schématiser : 1°) on peut raisonner sur des points à la place de poires, et 2°) on a intérêt à organiser ces points.

② On apprécie tout aussi positivement l'usage d'un schéma que celui d'une opération arithmétique.

SÉQUENCE 11 — Numération décimale : décomposer les nombres à deux chiffres

Soustractions

① Picbille et Dédé mettent leurs billes ensemble.
Ils n'utilisent une boîte que lorsqu'ils peuvent la remplir.
Colle les couvercles et complète.

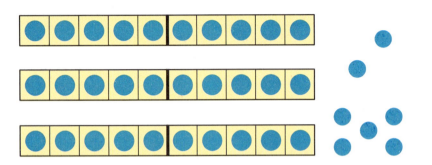

Il y a .... billes.

10 + 10 + 10 + 7 = ...

Jeu de la planche cachée (avec la planche des nombres comme Picbille et Dédé, pp. 158-159).

J'ai appris : 46, c'est **4 groupes de dix** et **6 unités isolées**.
On dit aussi : « C'est **4 dizaines** et **6 unités** ».

② Groupe les billes par 10 puis dessine les boîtes de 10 billes et les billes comme Dédé.

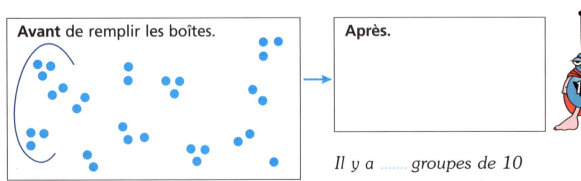

Avant de remplir les boîtes.

Après.

Il y a .... billes.

Il y a .... groupes de 10
et .... unité isolée.

Écris une égalité avec des 10 :

....

Soustractions : idem sq 9.

① et **②** Dès qu'il y a 10 billes, elles sont rangées dans une boîte et les 2 couvercles sont fermés. Les unités isolées sont représentées « comme Dédé ». Le *Jeu de la planche cachée* est décrit p. 157 (ici $n \leq 69$). Rappelons qu'il vaut mieux parler de « groupe de 10 » plutôt que de « dizaine » ou de « boîte » (cf. Présentation p. 3).

en groupes de 10 et unités isolées

Groupe les billes par 10 puis dessine les boîtes de 10 billes et les billes comme Dédé.

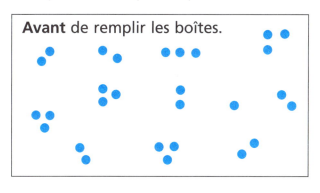

Avant de remplir les boîtes.

Il y a ...... billes.

Après.

Il y a ...... groupes de 10
et ...... unités isolées.

Écris une égalité avec des 10 :
....

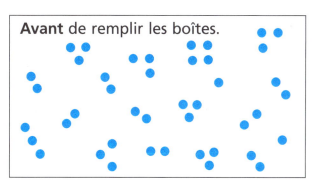

Avant de remplir les boîtes.

Il y a ...... billes.

Après.

Il y a ...... groupes de 10
et ...... unités isolées.

Écris une égalité avec des 10 :
....

❸ Voici 5 carnets de 10 timbres et 6 timbres :

Combien y a-t-il de timbres en tout ?
....

Voilà 6 billets de 10 € et 3 € en pièces :

Combien y a-t-il d'euros en tout ?
....

❹ Rappelle-toi :

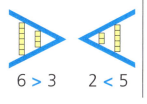

6 > 3   2 < 5

Place le signe qui convient : >, = ou <.

10 + 10 + 10 35   62 ...... 10 + 10 + 10 + 10 + 10 + 10

57 ...... 10 + 10 + 10 + 10 + 7   10 + 10 + 10 + 10 47

10 + 10 + 10 29   51 ...... 10 + 10 + 10 + 10 + 10 + 1

❸ Le carnet de 10 timbres est un autre exemple de « groupe de 10 » (faire observer un « vrai » carnet de 10 timbres aide à comprendre la situation). De même, le billet de 10 € a la même valeur que 10 pièces de 1 €.

❹ Les schémas 6 > 3 et 2 < 5 rappellent lequel de ces deux signes signifie « plus grand que ».

SÉQUENCE 12

Chercher des alignements de points

Jeu de la planche cachée
Soustractions

①

Géom et Couic-Couic recherchent les cas où 3 points sont alignés.

Géom a utilisé la règle. Vérifie que les traits qu'il a tracés sont droits.

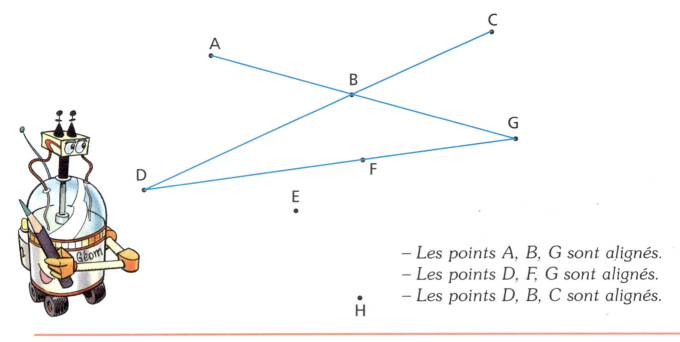

– Les points A, B, G sont alignés.
– Les points D, F, G sont alignés.
– Les points D, B, C sont alignés.

Couic-Couic n'a pas utilisé sa règle. Il s'est trompé.
Montre-le avec ta règle.

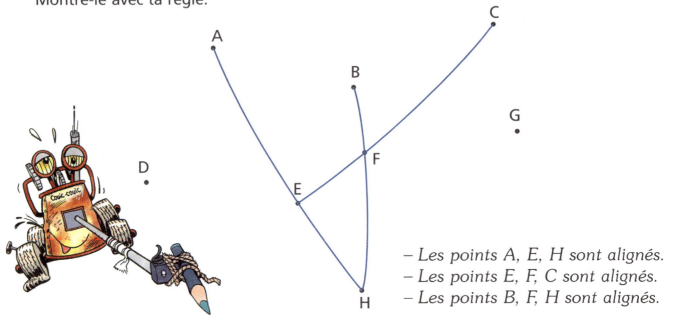

– Les points A, E, H sont alignés.
– Les points E, F, C sont alignés.
– Les points B, F, H sont alignés.

J'ai appris : Pour vérifier que 3 points sont alignés :
je pose ma règle contre les 2 points les plus éloignés,
si le troisième point est sur le bord de la règle,
les trois points sont alignés.

Jeu de la planche cachée : avec $n \leq 69$. Voir description p. 157.
Soustractions : l'accent est mis sur $n-1$, $n-2$ et $n-3$ car ces soustractions favorisent l'accès aux décompositions du type : « 7, c'est 1 et encore 6, c'est 2 et encore 5, c'est 3 et encore 4 ». Celles-ci sont utilisées sq 14 pour enseigner le « passage de la dizaine » (calcul de 9 + 7, par ex.).

② Recherche tous les cas où 3 points sont alignés.
Il y a 3 solutions. Montre-les en traçant les 3 traits droits et complète.

A

B

C

E

D

H

G

F

– Les points .... sont alignés.

– ....

– ....

③ Rappelle-toi :

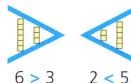

6 > 3   2 < 5

Place le signe qui convient : <, = ou >.

10 + 10 + 10 + 10 + 3 34

51 ...... 10 + 10 + 10 + 10 + 10 + 2

10 + 10 + 10 + 10 + 10 50

59 ...... 10 + 10 + 10 + 10 + 10 + 10

dix + deux ...... treize

onze ...... dix + trois

quinze ...... dix + cinq

seize ...... dix + trois

④ **Jeu du nombre Mystérieux**

 2   3   4   5   6

9 – 7 = ...   10 – 4 = ...   10 – 6 = ...

3 + 4 = ...   6 + 6 = ...   7 + 7 = ...

 7   8   11   12   14

9 – 6 = ...   10 – 2 = ...   5 + 6 = ...

Le nombre mystérieux :

⑤ Écris la table des doubles de 1 + 1 à 10 + 10.

1 + 1 = 2

❶ et ❷ Le sens du mot « aligné » doit être précisé : « Les points A, E et H sont alignés » signifie qu'ils sont sur une ligne *droite*.

❸ Les schémas 6 > 3 et 2 < 5 aident à se rappeler lequel de ces signes signifie « plus grand que ». Lorsqu'il faut placer l'un des signes (<, =, ou >) entre des écritures littérales, la planche des nombres écrits en lettres est mise à disposition des élèves qui en ont besoin.

SÉQUENCE 13 — Calcul réfléchi de l'addition : usage des doubles

Jeu de la planche cachée
Additions

◯ ◯ ◯ ◯ ◯ ◯ ◯ ◯

① Perrine n'organise pas ses collections comme Dédé mais elle les reconnaît facilement.
Sais-tu pourquoi ?

Où y a-t-il 7 points ? 5 points ? 9 points ?

Complète.

.....4..... ....

② Perrine calcule 8 + 9

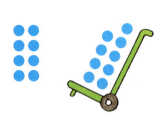  

9, c'est 8 et 1.

8 et 8, 16 et encore 1, ça fait…

8 + 9 = ...

J'ai appris : Le calcul de la somme de deux nombres qui se suivent est facile quand on connaît bien les doubles.

Calcule comme Perrine. Si tu n'es pas sûr(e), dessine.   7 + 8 = ...   6 + 7 = ...

③ Recherche tous les cas où 3 points sont alignés.
Il y a 3 solutions. Montre-les en traçant les 3 traits droits et complète.

• A
        • B   • C
                  • E
     • D
• F
          • I   – Les points .... sont alignés.
     • G   – ....
          • H   – ....

Jeu de la planche cachée : idem sq 12.
Additions : idem sq 8.

① Pour présenter une nouvelle stratégie de calcul, introduction d'un nouveau mode de représentation des quantités où les nombres pairs sont représentés comme des doubles et les impairs comme des doubles + 1. Ainsi, 7 est représenté comme 3 + 3 + 1.

② Il est possible de vérifier que 2 + 3, 3 + 4… ou encore 9 + 10 pourraient aussi se calculer ainsi.

22

Calcul réfléchi de l'addition : le passage de la dizaine

SÉQUENCE 14

Soustractions
Additions

1

L'écureuil compte 8 + 6	Picbille calcule 8 + 6
	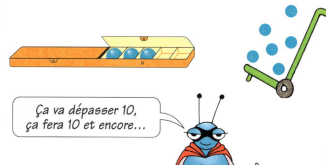
Vérifie et complète l'égalité : 8 + 6 = ...	8 + 6 = ...

Dessine les billes dans la boîte (colle le couvercle) et dans le chariot et complète l'égalité.

9 + 4 = ...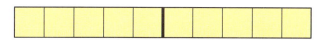

2

Tu vas apprendre à calculer des additions sans dessiner.
Par exemple : 8 + 4, de combien ça dépasse 10 ?

a Avant de remplir la boîte. **b** Après avoir rempli la boîte.

« J'ai 8 jetons dans la boîte et 4 dans la main. Imagine le nombre de cases vides. »

« J'ai rempli ma boîte. Imagine ce que je vois... 8 + 4, c'est 10 et encore... »

8 + 4 = ...

Imagine ce que voit Dédé et complète l'égalité. Si tu n'es pas sûr(e), dessine sur ton ardoise.

3 + 8 = ...   2 + 9 = ...   4 + 7 = ...   8 + 0 = ...
9 + 6 = ...   9 + 3 = ...   9 + 8 = ...   7 + 6 = ...

3

Avant de remplir les boîtes.

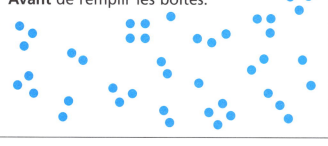

Il y a ...... billes.

Après.

Il y a ...... groupes de 10
et ...... unités isolées.
Écris une égalité avec des 10 :
....

Soustractions : idem sq 12.
Additions : n + 5 et cas se prêtant à l'usage des doubles (6 + 7, etc.).

1 Comparaison du comptage et du calcul quand l'un des nombres est 7, 8 ou 9. Picbille fait un passage de la dizaine : il cherche de combien le résultat va dépasser 10.

2 Il est recommandé d'animer ce scénario en enchaînant les 2 phases. La vérification se fait en rejouant le scénario, mais la boîte est basculée pour en montrer le contenu et la main est ouverte.

SÉQUENCE 15 — **Mesure de longueurs : reporter un étalon**

Furet à l'envers de 1 en 1

Additions

① Détache ta règle graduée en allumettes et observe.

La longueur entre ces deux doigts est de 1 allumette.

② Avec ta règle graduée en allumettes, mesure la longueur des traits suivants et complète les phrases.

Le trait .... est long comme 2 allumettes.
Le trait .... est long comme 3 allumettes.
Le trait .... est plus long que 2 allumettes et moins long que 3 allumettes.

③ La fourmi rouge parcourt le trait GH et la fourmi noire la ligne brisée IJKL. Qui va parcourir le plus long chemin ?

GH est long comme .... allumettes.

IJ est long comme .... allumette.
JK est long comme .... allumettes.
KL est long comme .... allumette.

La ligne brisée IJKL est longue comme .... allumettes.
Montre cette longueur sur ta règle.

Qu'est-ce qui est le plus long, la ligne brisée IJKL ou le trait GH ? ....

Furet à l'envers de 1 en 1 : voir description p. 157. Le nombre de départ est ≤ 69.
Additions : cas se prêtant au passage de la dizaine (7 + 4, 7 + 6, 8 + 3…). On commence par l'activité de « visualisation mentale » décrite sq 14 (réponse sur ardoise puis sur le fichier).

① à ③ L'usage d'une règle dont l'étalon est l'allumette prépare la compréhension de la mesure en cm. Dès cette séance, on pourra établir l'équivalence entre les expressions « est long comme n allumettes » et « mesure n allumettes ».

Mesure de longueurs : le cm (1)

SÉQUENCE 16

Furet à l'envers de 1 en 1
Additions
○ ○ ○ ○ ○ ○ ○ ○

1
Détache ta règle graduée en centimètres et observe.

La longueur entre ces deux doigts est de 1 centimètre (1 cm).

Montre entre tes doigts et à différents endroits sur la règle des longueurs de : 1 cm ; 2 cm ; 3 cm ; 5 cm ; 9 cm ; 10 cm.

2
Avec ta règle graduée en centimètres, mesure la longueur des traits suivants et complète les phrases.

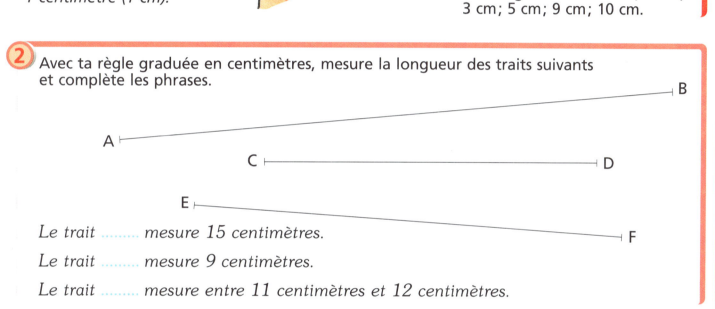

Le trait .... mesure 15 centimètres.

Le trait .... mesure 9 centimètres.

Le trait .... mesure entre 11 centimètres et 12 centimètres.

3
La fourmi rouge parcourt le trait GH et la fourmi noire la ligne brisée IJKL. *Qui va parcourir le plus long chemin ?*

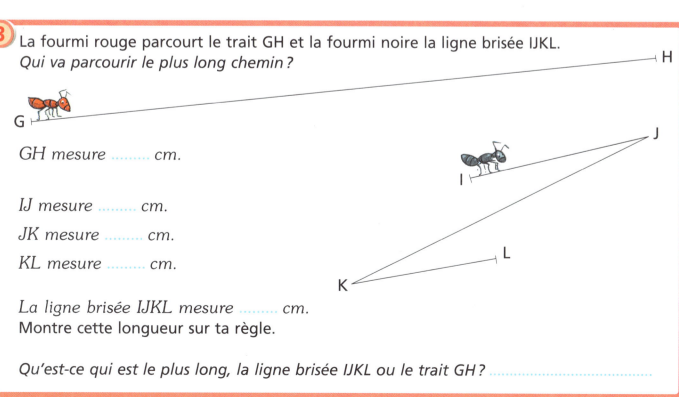

GH mesure .... cm.

IJ mesure .... cm.

JK mesure .... cm.

KL mesure .... cm.

La ligne brisée IJKL mesure .... cm.
Montre cette longueur sur ta règle.

Qu'est-ce qui est le plus long, la ligne brisée IJKL ou le trait GH ? ....

Furet à l'envers... puis additions : idem sq 15.

❶ à ❸ Introduction de la mesure en cm analogue à celle de la mesure en allumettes : on raisonne de la même manière, mais avec une unité plus petite. Entre deux traits de graduation de la règle, il y a une longueur de 1 cm, représentée par une bande colorée. On rappelle que le mot « mesure » signifie « est long comme » (expression employée sq 15).

SÉQUENCE 17

ARP Atelier de Résolution de Problèmes

Furet de 10 en 10
Additions

① Dans ce tableau, la directrice d'une école a écrit combien d'enfants mangent à la cantine.

Cantine 2ᵉ semaine d'octobre

	CP	CE1	CE2	CM1	CM2
Lundi	2	5	3	5	9
Mardi	3	7	4	3	8
Jeudi	3	8	5	4	9
Vendredi	2	5	3	5	10

Combien d'élèves de CE1 mangent à la cantine le lundi ? ....
Combien d'élèves de CM1 mangent à la cantine le mardi ? ....
Combien d'élèves de CP mangent à la cantine le vendredi ? ....

Quel est le jour où 7 élèves de CE1 mangent à la cantine ? ....
Quel est le jour où 10 élèves de CM2 mangent à la cantine ? ....

Le mardi, dans quelle classe y a-t-il le plus d'élèves qui mangent à la cantine ? ....
Le vendredi, combien y a-t-il d'élèves dans la cantine de l'école ? ....

② Imagine : *Dans son panier, Madame Dupuis rapporte 12 fruits du marché. 9 de ces fruits sont des oranges. Les autres sont des bananes.*

Barre les questions quand on ne peut pas savoir.
Réponds aux autres questions.

1 ▶ Combien Madame Dupuis a-t-elle payé ses fruits ? ....

2 ▶ Dans combien de jours tous les fruits seront-ils mangés ? ....
....

3 ▶ Combien y a-t-il de bananes dans le panier de Madame Dupuis ?
....

Furet de 10 en 10 : voir description p. 157. On fait « demi-tour » à 61 (quand on a commencé à 1) ou 62 ou 63…
Additions : Cas se prêtant au passage de la dizaine. Idem sq 15.

① Lecture et utilisation d'un tableau à double entrée.

② Comprendre ce qu'est un énoncé de problème en jugeant si des questions sont pertinentes ou non dans le contexte de cette tâche.

Atelier de Résolution de Problèmes ARP — SÉQUENCE 18

Furet de 10 en 10
Additions

① *Problème :* Une maîtresse achète 4 paquets de 7 crayons noirs pour ses élèves.

Que peut-on chercher ? Complète :

On peut chercher combien ....

Pour résoudre ce problème, Sébastien, Mélanie et Cécile ont fait un schéma. Deux schémas sont justes. Lesquels ? Entoure-les.

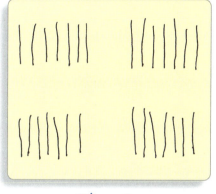
Sébastien

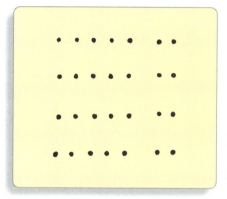
Mélanie

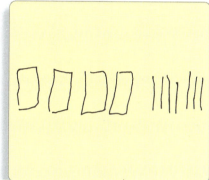
Cécile

Le schéma de .... *est faux parce que* ....

Écris une phrase pour dire quelle est la solution du problème :
....
....

② *Problèmes à résoudre sur le cahier*

Réponds (tu peux faire un schéma, écrire une égalité ou expliquer ta solution).

1 ▶ Dans un parking, il y a 16 places. 9 places sont déjà occupées par des voitures.

Dans ce parking, combien de places sont libres ?

2 ▶ Madame Toussaint achète 3 boîtes de 6 œufs.

Combien d'œufs achète-t-elle ?

3 ▶ Dans une pâtisserie, monsieur Mangetot achète 5 éclairs, 4 flans et 6 tartelettes.

Combien de gâteaux monsieur Mangetot achète-t-il ?

4 ▶ Dans sa tirelire, Marie n'a que des billets de 5 €. En tout, elle a 20 €.

Combien a-t-elle de billets de 5 € ?

SÉQUENCE 19 — Calcul réfléchi de l'addition : « vingt plus trente », etc.

Où est la case ?
Additions

① Observe.

dix   vingt   trente   quarante   cinquante   soixante

Où est écrit 30 ? 50 ? 20 ?

Complète la file numérique qui est en bas de la double page, comme cela a été commencé.

② Rappelle-toi :

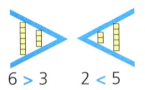

6 > 3   2 < 5

Place le signe qui convient : >, = ou <.

10 + 10 + 10 .... vingt
cinquante .... 10 + 10 + 10 + 10 + 10
10 + 10 + 10 + 10 + 10 .... soixante
10 + 10 + 10 + 10 .... quarante
trente .... 10 + 10 + 10 + 10
soixante .... 10 + 10 + 10 + 10 + 10 + 10

③

Mathilde calcule « vingt + trente ».

C'est facile quand on sait que vingt c'est 2 groupes de dix, et que trente c'est 3 groupes de dix.

20   30

vingt + trente = ...

Calcule et écris les résultats en chiffres.

vingt + vingt = ...   dix + cinquante = ...   trente + trente = ...

trente + vingt = ...   dix + trente = ...   quarante + vingt = ...

dix + quarante = ...   vingt + quarante = ...   dix + vingt = ...

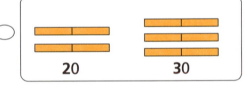

dix   vingt   trente   quarante   cinquante   soixante

| 1 | | | | 10 | | | | | | | | | | | | | | | |

dix

Où est la case... ? Cette activité utilise la planche avec des nombres écrits en lettres, placée dans une pochette plastique transparente. L'enseignant dit un nombre n ≤ 69, les élèves font une croix dans la case correspondante et montrent leur réponse en levant la planche.
Additions : cas se prêtant au passage de la dizaine. Idem sq 15.

❶ à ❸ Calculer « vingt + trente » en se ramenant au calcul de « 2 dizaines + 3 dizaines ». L'écriture en lettres de ces nombres est revue dans les activités 1 et 2.

Calcul réfléchi de l'addition : « trente-deux plus sept »...

SÉQUENCE 20

Où est la case ?
Additions
◯ ◯ ◯ ◯ ◯ ◯ ◯ ◯

① « Trente-deux + sept », c'est facile…

Je cherche combien il y a de groupes de 10 et d'unités isolées.

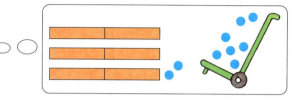

trente-deux + sept = ...

« Douze + sept », c'est plus difficile…

Attention ! On n'entend pas le nombre d'unités isolées. Il faut savoir que douze, c'est dix et deux…

douze + sept = ...

② Calcule et écris les résultats en chiffres.

vingt-trois + cinq = ...   quarante-six + trois = ...   huit + trente et un = ...

treize + cinq = ...   seize + trois = ...   huit + onze = ...

J'ai appris : Le calcul de *douze + six*, ou *six + douze*, est facile quand je me souviens que douze, c'est dix et deux.

③ Calcule et écris les résultats en chiffres.

quinze + trois = ...   treize + trois = ...   seize + deux = ...

vingt et un + six = ...   quatorze + cinq = ...   quarante-six + deux = ...

quatre + onze = ...   trente-quatre + quatre = ...   vingt-deux + cinq = ...

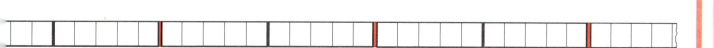

Où est la case… ? Idem sq 19.
Additions : calculs du type « vingt + trente » quand S ≤ 60. Les nombres sont dits oralement.

① à ③ Quand les nombres sont écrits en lettres (ou dits oralement), le calcul de « trente-deux + sept » est plus facile que celui de « douze + sept » : il faut décomposer *douze*. C'est une nouvelle occasion d'apprendre ces décompositions. Dans l'activité 3, les cas sont mélangés.

SÉQUENCE 21

Sommer des longueurs : le tour d'un triangle

Additions ○ ○ ○ ○ ○ ○ ○ ○

1

L'escargot rouge part du point A et fait le tour du triangle ABC.

L'escargot vert part du point D et fait le tour du triangle DEF.

Qui va faire le plus long parcours ?

Mesure en cm et complète les tableaux.

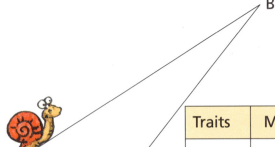

Traits	Mesures
AB	.... cm
BC	.... cm
CA	.... cm

Le tour du triangle ABC mesure .... cm.

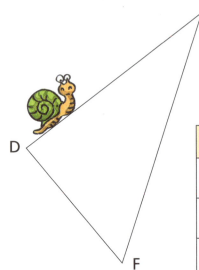

Traits	Mesures
DE	.... cm
EF	.... cm
FD	.... cm

Le tour du triangle DEF mesure .... cm.

Conclusion : ....

2

Calcule et écris le résultat en chiffres.

vingt + trente = ...

treize + six = ...

six + quarante-deux = ...

vingt + cinquante = ...

quatorze + trois = ...

vingt-deux + sept = ...

quatre + quinze = ...

douze + trois = ...

sept + onze = ...

soixante et un + sept = ...

3

Jeu du nombre Mystérieux

6   7   8   9

10   11   12   13

14   15   16   17

9 + 4 = ...   9 − 2 = ...
5 + 7 = ...   9 + 8 = ...
10 − 4 = ...   8 + 7 = ...
8 + 8 = ...   10 − 2 = ...
4 + 5 = ...   7 + 7 = ...
8 + 3 = ...

Le nombre mystérieux :

Additions : calculs du type « trente-deux + six » et « douze + six » en insistant particulièrement sur ces derniers cas (il n'y a jamais de retenue). Les nombres sont dits oralement.

❶ Les élèves utilisent leur règle en carton graduée en cm (le double décimètre n'est utilisé qu'à partir de la sq 57. La production de deux égalités correspondant à la somme des mesures peut être demandée en fin d'activité.

SÉQUENCE 22

Bilan intermédiaire de la première période

Compléments à 10 : ... + ... = 10   ... + ... = 10   ... + ... = 10   ... + ... = 10

1 Calcule.

5 + 7 = ...   9 + 4 = ...   10 – 7 = ...   10 – 3 = ...
8 + 8 = ...   5 + 8 = ...   9 – 6 = ...   8 – 6 = ...
6 + 7 = ...   9 + 9 = ...   8 – 4 = ...   9 – 3 = ...

2 Calcule et écris les résultats en chiffres.

vingt-quatre + cinq = ...   douze + six = ...   dix + cinquante = ...
trente-deux + quatre = ...   quatre + treize = ...   trente + trente = ...
quarante et un + six = ...   onze + huit = ...   vingt + quarante = ...

3 Complète puis écris une égalité avec des 10.

Il y a .... billes.   Il y a .... billes.   Il y a .... billes.

4 Rappelle-toi :

6 > 3   2 < 5

Place le signe qui convient : <, = ou >.

10 + 10 + 10 + 10 + 3 34   40 .... 10 + 10 + 10 + 10 + 10
49 .... 10 + 10 + 10 + 10 + 9   10 + 10 + 10 + 7 46
10 + 10 + 10 + 10 + 10 60   50 .... 10 + 10 + 10 + 10 + 9

5 Recherche tous les cas où 3 points sont alignés.
Il y a 3 solutions. Montre-les en traçant les 3 traits droits et complète.

– Les points .... sont alignés.
– ....
– ....

Bilan : on trouve un bilan analogue avec d'autres données numériques dans le Livre du maître.

SÉQUENCE 23

Calcul réfléchi de l'addition : « vingt plus trente-deux »…

Furet de 10 en 10

Additions

① « Vingt + trente-deux », c'est facile…

Je cherche combien il y a de groupes de 10 et d'unités isolées

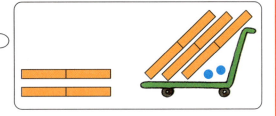

vingt + trente-deux = ………

« Vingt + douze », c'est plus difficile…

On n'entend pas le nombre d'unités isolées. Il faut savoir que douze, c'est dix et deux…

vingt + douze = ………

② Calcule et écris les résultats en chiffres.

vingt + vingt-cinq = ……… | trente + vingt-quatre = ……… | vingt-six + quarante = ………
vingt + quinze = ……… | trente + quatorze = ……… | seize + quarante = ………

③ Calcule et écris les résultats en chiffres.

quarante + onze = ………   trente et un + vingt = ………   douze + cinquante = ………
vingt + quatorze = ………   treize + vingt = ………   quarante + seize = ………
dix-huit + cinquante = ………   trente + trente-deux = ………   vingt-sept + vingt = ………

④

Jeu du nombre Mystérieux

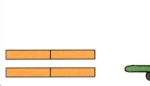

9 + 3 = ………   7 – 3 = ………   7 + 8 = ………
9 + 7 = ………   5 + 6 = ………   10 – 4 = ………
9 + 9 = ………   9 – 6 = ………   8 + 6 = ………

Le nombre mystérieux :

Furet de 10 en 10 : voir description p. 157. On fait « demi-tour » à 60 ou 61 ou 62…
Additions : calculs du type « vingt + trente ». Idem sq 20.

① à ③ Quand les nombres sont écrits en lettres (ou dits oralement), le calcul de « vingt + douze » est plus difficile que celui de « vingt + trente-deux » : il faut décomposer *douze*. C'est une nouvelle occasion d'apprendre ce type de décompositions. Dans l'activité 3, les cas sont mélangés.

Mesure de longueurs : le cm (2)

SÉQUENCE 24

Additions ◯ ◯ ◯ ◯ ◯ ◯ ◯ ◯

① Prends ta règle en carton graduée en cm.
As-tu remarqué que les traits de séparation entre deux cm ne sont pas tous pareils ?

- Sans compter 1 à 1 les cm, montre sur ta règle entre deux doigts des longueurs de 6 cm, 9 cm, 12 cm et 15 cm.
- Trace sur une feuille des traits de 7 cm, 11 cm et 19 cm.

Complète le tableau de mesures ci-dessous. Utilise ta règle graduée en cm.

Traits	Mesures
AB	....
....	14 cm
....	entre 11 et 12 cm
EF	....
....	5 cm
DE	....
....	10 cm

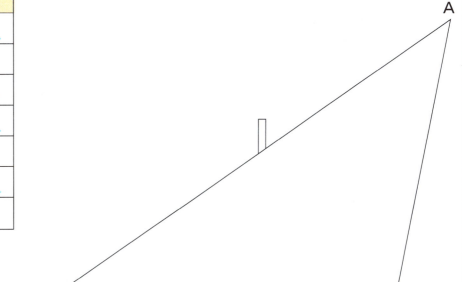

② **Jeu du nombre Mystérieux**

17   19   34   35   51

52   53   54   55

vingt + trente-quatre = ...   trois + seize = ...

douze + cinq = ...   trente-deux + vingt-trois = ...

vingt + quinze = ...   quatorze + vingt = ...

treize + quarante = ...   quarante + onze = ...

Le nombre mystérieux :

Additions : calculs du type « vingt + trente-deux » et « vingt + douze » quand S ≤ 69. Les nombres sont dits oralement, ils ne sont pas écrits en chiffres au tableau.

❶ Deux nouveautés : 1°) comme les longueurs sont grandes, on a intérêt à utiliser les repères 5, 10, 15… sur la règle en carton, et 2°) il faut chercher s'il y a un trait qui mesure 14 cm, par ex.

33

SÉQUENCE 25

Furet à l'envers de 1 en 1
Additions

◯ ◯ ◯ ◯ ◯ ◯ ◯ ◯

---

① Dans un centre de loisirs, une animatrice s'occupe de 12 enfants.
Elle leur demande de s'organiser de différentes façons.
Dessine les organisations demandées, réponds et écris une égalité qui correspond à ton schéma.

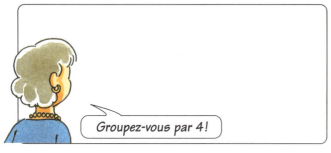

Combien de groupes peut-on former ? ....

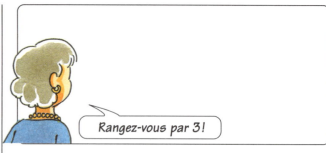

Combien de rangées peut-on former ? ....

Combien d'équipes peut-on former ? ....

Combien de rondes peut-on former ? ....

Et si l'animatrice avait dit :

– « Formez des rondes de 4 ! » *Il y aurait* ....

– « Mettez-vous en équipes de 3 ! » *Il y aurait* ....

– « Mettez-vous en rangées de 6 ! » *Il y aurait* ....

---

② Imagine : *Dimanche, Claire est allée à la pêche avec son père.
Claire a pêché 8 petits poissons et 1 gros poisson.
Son père a attrapé 6 petits poissons et 2 gros poissons.*

Barre les questions quand on ne peut pas savoir.
Réponds aux autres questions.

1 ▶ Combien de poissons Claire et son père ont-ils pêchés ensemble ? ....

2 ▶ Combien de petits poissons ont-ils pêchés ensemble ? ....

3 ▶ Qui a pris le plus de poissons ? ....

4 ▶ Qui a pris le poisson le plus gros ? ....

Furet à l'envers... : idem sq 15.
Additions : calculs du type « trente-deux + six » et « douze + six ». Idem sq 21.

① Les élèves doivent produire 4 schémas alors que le même type de tâche est proposée, mais avec des mots différents : *groupes*, *équipes*, *rangées* et *rondes*. Il s'agit de prendre conscience que les équipes, les rangées et les rondes sont des cas particuliers de groupes.

② Comprendre ce qu'est un énoncé de problème en jugeant si des questions sont pertinentes ou non dans le contexte de cette tâche.

Atelier de Résolution de Problèmes **ARP**

SÉQUENCE 26

Furet à l'envers de 1 en 1
Additions

① Problème : Pour ses petites filles, une grand-mère achète 4 poupées à 5 € l'une.

Que peut-on chercher ? Complète :

On peut chercher combien ....
....

Pour résoudre ce problème, Sébastien, Mélanie et Cécile ont fait un schéma.
Deux schémas sont justes. Lesquels ? Entoure-les.

Sébastien

Mélanie

Cécile

Le schéma de .... est faux parce que ....

Écris une phrase pour dire quelle est la solution du problème : ....
....

② *Problèmes à résoudre sur le cahier*

Réponds (tu peux faire un schéma, écrire une égalité ou expliquer ta solution).

1 ▶ Carole achète 9 cartes postales.
Elle doit mettre un timbre
sur chaque carte postale.
Mais elle n'a que 3 timbres.

Combien lui manque-t-il de timbres ?

2 ▶ Monsieur Romani fait des courses.
Il dépense 18 € chez l'épicier
et 10 € chez le boucher.

Combien dépense-t-il en tout ?

3 ▶ Une tablette de chocolat coûte 3 €.
Madame Benoît achète 4 tablettes.

Combien doit-elle payer ?

4 ▶ Dans un parking,
il y a 6 rangées de 10 places.

Combien y a-t-il de places dans ce parking ?

5 ▶ Dans sa tirelire, Majid n'a que
des pièces de 2 €. En tout, il a 8 €.

Combien a-t-il de pièces de 2 € ?

Furet à l'envers... : idem sq 15.
Additions : calculs du type « vingt + trente-deux » et « vingt + douze » quand S ≤ 69. Idem sq 24.

① Outre les difficultés soulignées dans les ARP précédents, une autre apparaît ici : comprendre l'expression « 5 € l'une ». Ce sera l'occasion d'introduire d'autres formulations : « chaque poupée coûte 5 € », « le prix d'une poupée est de 5 € », etc.

② On apprécie tout aussi positivement l'usage d'un schéma que celui d'une opération arithmétique.

SÉQUENCE 27 — **Multiples d'un nombre (1) : les multiples de 3**

Additions

① Vérifie que la bande ci-dessous a 16 carreaux.

Mathilde se demande si on peut recouvrir exactement cette bande en n'utilisant que des groupes de 3 carreaux.

Achève son travail et vérifie en collant les groupes de 3 carreaux*.

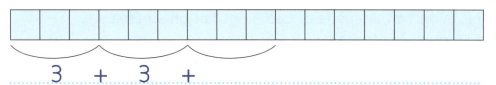

3 + 3 + ...

⑯ → **est un multiple de 3.** C'est .... groupes de 3 exactement.
   → **n'est pas un multiple de 3.**

* Tu les trouveras à la fin de ton fichier.

Cette bande a 12 carreaux. Vérifie-le. *12 est-il un multiple de 3 ?*

....

⑫ → **est un multiple de 3.** C'est .... groupes de 3 exactement.
   → **n'est pas un multiple de 3.**

Cette bande a 14 carreaux. Vérifie-le.

....

14 est-il un multiple de 3 ? ⑭ → Oui, c'est ....
                                  → Non.

② Continue de chercher les multiples de 3.   Continue de colorier les multiples de 3.

.....3..... c'est 1 groupe de 3
3 + 3 = ..6.. ⟶ 6 c'est 2 groupes de 3
3 + 3 + 3 = ... ⟶ .... c'est
3 + 3 + 3 + 3 = ... ⟶ .... c'est
3 + 3 + 3 + 3 + 3 = ... ⟶ .... c'est
3 + 3 + 3 + 3 + 3 + 3 = ... ⟶ .... c'est

1	2	3	4	5	6	7	8	9	10
11	12	13	14	15	16	17	18	19	20
21	22	23	24	25	26	27	28	29	30
31	32	33	34	35	36	37	38	39	40

Additions : calculs du type « douze + six » et « douze + trente » dont l'un des termes est un nombre entre 11 et 16 et l'autre un nombre à 1 chiffre (il n'y a pas de retenue) ou 20, 30… (S ≤ 69).

① et **②** Addition réitérée d'un nombre pour préparer à la multiplication et pour établir un vocabulaire qui sera utilisé en numération quand les élèves chercheront combien il y a de dizaines (groupes de 10) dans 120, par ex..

Multiples d'un nombre (1) : les multiples de 5

SÉQUENCE 28

Additions ◯ ◯ ◯ ◯ ◯ ◯ ◯ ◯

① Des personnes veulent aller au spectacle en voiture.
Il est interdit de monter à plus de 5 personnes par voiture.
Mathieu se demande si toutes les voitures seront pleines.
Vérifie qu'il y a 18 personnes et achève son travail.

......5.....

(18) → **est un multiple de 5.** C'est ...... groupes de 5 exactement.
   ↘ **n'est pas un multiple de 5.**

Ci-dessous, il y a 20 personnes. Vérifie-le.

....

20 est-il un multiple de 5 ?   (20) → Oui, c'est ....
   ↘ Non.

Ci-dessous, il y a 24 personnes. Vérifie-le.

....

24 est-il un multiple de 5 ?   (24) → Oui, c'est ....
   ↘ Non.

② Continue de chercher les multiples de 5.

Continue de colorier les multiples de 5.

  .....5..... c'est .1 groupe de 5.
5 + 5 = .10. ⟶ .10. c'est .2 groupes de 5.
5 + 5 + 5 = ... ⟶ ...... c'est ....
5 + 5 + 5 + 5 = ... ⟶ ...... c'est ....
5 + 5 + 5 + 5 + 5 = ... ⟶ ...... c'est ....
5 + 5 + 5 + 5 + 5 + 5 = ... ⟶ ...... c'est ....

1	2	3	4	**5**	6	7	8	9	**10**
11	12	13	14	15	16	17	18	19	20
21	22	23	24	25	26	27	28	29	30
31	32	33	34	35	36	37	38	39	40

Additions : calculs du type « douze + six » et « douze + trente ». Idem sq 27.

① et **②** Découverte des multiples de 5 dans un nouveau contexte : dans la séquence 27, les groupes de 3 étaient des pavés de 3 carreaux, ici ce sont des groupes de 5 personnes qui montent dans des voitures.

SÉQUENCE 29 — Numération décimale : les nombres entre 60 et 79

Soustractions ○ ○ ○ ○ ○ ○ ○ ○

① Activité avec la planche des nombres comme Picbille et Dédé : compter de 60 à 79 en disant, pour chaque case, combien il y a de groupes de dix et d'unités isolées. Puis, Jeu de la planche cachée.

Pose ton ardoise sur la planche des nombres. Représente ce qu'il y a dans la case « soixante-douze » sans regarder sous l'ardoise.

Lève ton ardoise. Où est la case « soixante-douze » ? Compare…

J'ai appris : Quand un nombre commence par « soixante », c'est :
– soit 6 groupes de dix et quelque chose,
– soit 7 groupes de dix et quelque chose.
Cela dépend de ce que l'on entend après « soixante ».

② Écris en chiffres.

soixante-sept : ....   soixante-douze : ....   soixante-quatorze : ....

soixante-treize : ....   soixante-dix-neuf : ....   soixante et onze : ....

soixante-seize : ....   soixante-quinze : ....   soixante-trois : ....

③ Calcule et écris les résultats en chiffres.

quinze + soixante = ...   quarante + trente = ...   dix-huit + soixante = ...

cinquante + onze = ...   seize + cinquante = ...   sept + soixante = ...

vingt + cinquante = ...   treize + soixante = ...   dix + soixante-deux = ...

④ *Multiple de 3 ou non ?* Entoure la bonne réponse et complète quand tu réponds oui.

⑦ → Non.
　 → Oui, c'est ....

⑯ → Non.
　 → Oui, c'est ....

⑨ → Non.
　 → Oui, c'est ....

⑱ → Non.
　 → Oui, c'est ....

⑫ → Non.
　 → Oui, c'est ....

㉓ → Non.
　 → Oui, c'est ....

Soustractions : idem sq 9.

❶ et ❷ La décomposition qui est privilégiée au-delà de 69 dans la *Planche des nombres…* rend compte de la forme orale de ces nombres (« soixante-treize », c'est 60 + 13). Mais c'est pour mieux montrer que lorsqu'on veut écrire l'un de ces nombres en chiffres, il ne faut pas écrire ce qu'on entend mais chercher combien de « groupes de dix » il contient : 6 ou 7 ?

Numération : longueurs organisées par groupes de 10 cm

SÉQUENCE 30

Furet de 10 en 10
Dictée
◯ ◯ ◯ ◯ ◯ ◯ ◯ ◯

① *Qui a la ligne brisée la plus longue, l'écureuil ou Madame Centimètre ?*
Utilise ta règle en carton graduée en cm.

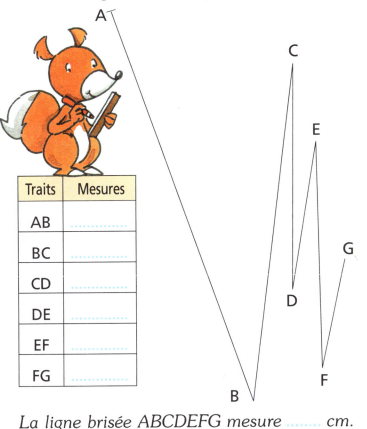

Traits	Mesures
AB	....
BC	....
CD	....
DE	....
EF	....
FG	....

Moi, je n'ai pas besoin d'un tableau !

La ligne brisée ABCDEFG mesure .... cm. | Cette ligne brisée mesure .... cm.

De quelle ligne brisée connaît-on le plus facilement la longueur ? ....

Si la ligne brisée de Mme Centimètre était plus longue de 1 cm, comment l'aurait-elle tracée ?
Comment tracerait-elle des lignes brisées de 53 cm, 64 cm, 78 cm ?

Sur une feuille, trace, comme Mme Centimètre, une ligne brisée de 42 cm.

J'ai appris : Connaître la longueur d'une ligne brisée tracée par Mme Centimètre, c'est très facile. Il suffit de compter les groupes de 10 cm et les cm isolés.

② *Multiple de 5 ou non ?* Entoure la bonne réponse et complète quand tu réponds oui.

⑮ → Non.
   → Oui, c'est ....

㉕ → Non.
   → Oui, c'est ....

⑲ → Non.
   → Oui, c'est ....

㉚ → Non.
   → Oui, c'est ....

⑳ → Non.
   → Oui, c'est ....

㊲ → Non.
   → Oui, c'est ....

Furet de 10 en 10 : voir description p. 157.
On fait « demi-tour » à 71 ou 72 ou 73…
Dictée : les nombres sont compris entre 61 et 79.

① Un nouveau contexte de numération : on prend conscience qu'il est facile de connaître la longueur d'une ligne brisée tracée comme Mme Centimètre parce qu'elle a groupé les centimètres par 10 et représenté chaque unité isolée.

SÉQUENCE 31

Calcul réfléchi de l'addition : « une nouvelle dizaine ou non ? »

Furet de 10 en 10
Dictée

◯ ◯ ◯ ◯ ◯ ◯ ◯ ◯

① Un nouveau groupe de dix ou non ? (cas faciles)

vingt et un + sept   vingt-quatre + six   vingt-trois + neuf

 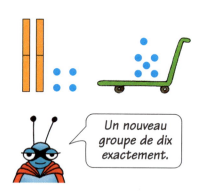 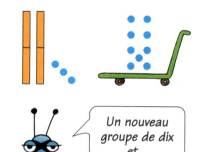

Pas de nouveau groupe de dix.   *Un nouveau groupe de dix exactement.*   *Un nouveau groupe de dix et...*

vingt et un + sept = ...   vingt-quatre + six = ...   vingt-trois + neuf = ...

Un nouveau groupe de dix ou non ? (cas plus difficiles)

onze + sept   quatorze + six   treize + neuf

C'est facile quand on sait que onze, c'est dix et un.   *C'est facile quand on sait que quatorze, c'est...*   *C'est facile quand on sait que treize, c'est...*

onze + sept = ...   quatorze + six = ...   treize + neuf = ...

② Calcule et écris les résultats en chiffres.

trente-deux + six = ...   vingt-six + quatre = ...   trente-cinq + sept = ...

douze + six = ...   seize + quatre = ...   quinze + sept = ...

③ Calcule et écris les résultats en chiffres.

vingt-sept + six = ...   trente-neuf + quatre = ...

cinquante-neuf + trois = ...   trente-sept + trois = ...

quinze + neuf = ...   vingt-six + cinq = ...

vingt-trois + six = ...   quarante-huit + trois = ...

Furet de 10 en 10 (voir p. 157) et **dictée** : idem sq 30.

① à ③ Additions d'un nombre à 2 chiffres avec un autre à 1 chiffre : reconnaître les cas où l'on forme un nouveau groupe de 10. Le calcul de « treize + neuf » est plus difficile que celui de « vingt-trois + neuf » : il faut décomposer *treize*. C'est une nouvelle occasion d'apprendre ce type de décompositions. Dans l'activité 3, les cas sont mélangés.

Numération décimale : les nombres de 80 à 100

SÉQUENCE 32

Additions ○ ○ ○ ○ ○ ○ ○ ○

1) Activité avec la planche des nombres comme Picbille et Dédé : compter de 79 à 99 en disant, pour chaque case, combien il y a de groupes de dix et d'unités isolées. Puis, Jeu de la planche cachée.

J'ai appris : Quand un nombre commence par « quatre-vingt », c'est :
– soit 8 groupes de 10 et quelque chose,
– soit 9 groupes de 10 et quelque chose.
Cela dépend de ce que l'on entend après le mot « quatre-vingt ».

Écris en chiffres.

quatre-vingt-dix-huit : .... quatre-vingt-six : .... quatre-vingt-douze : ....

quatre-vingt-trois : .... quatre-vingt-dix-neuf : .... quatre-vingt-onze : ....

quatre-vingt-seize : .... quatre-vingt-quinze : .... quatre-vingt-dix-sept : ....

2)  Jeu du nombre Mystérieux

81   83   88   89   90
   92   94   95   97

cinquante + quarante = ...
soixante-dix-neuf + neuf = ...
quatre + quatre-vingt-treize = ...
quatre-vingt-sept + sept = ...

six + quatre-vingt-six = ...
trente + soixante-cinq = ...
soixante + vingt-trois = ...
onze + soixante-dix = ...

Le nombre mystérieux :

3) Quelle est la longueur de cette ligne brisée tracée par Mme Centimètre ?

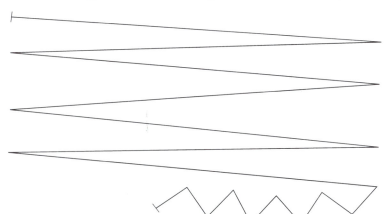

La ligne brisée de Mme Centimètre mesure .... cm.

Additions : du type 32 + 9 en privilégiant les cas avec retenue. Les opérations peuvent être écrites en chiffres au tableau pour en faciliter le traitement.

1 et **2** Comme dans le cas des nombres entre 60 et 79, pour savoir comment s'écrit en chiffres un nombre qui commence par « quatre-vingt... », il faut savoir combien il contient de groupes de dix (8 ou 9 ?) ; il faut donc attendre ce qui est dit après « quatre-vingt... ».

SÉQUENCE 33 — Numération décimale : découverte du compteur et ajout de 10

Multiple de 5 ou non ?

Non.
Oui, c'est .... groupes de 5.

Non.
Oui, c'est .... groupes de 5.

1

a Assemble le compteur en carton de la fin de ton fichier.

b Affiche sur ton compteur tous les nombres de 0 à 32.
Pour chaque nombre, explique ce que signifient les deux chiffres de droite.

c Observe :

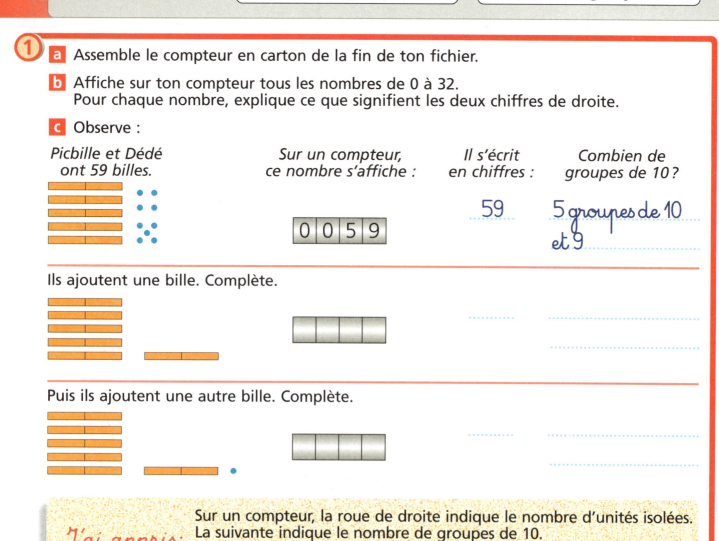

J'ai appris : Sur un compteur, la roue de droite indique le nombre d'unités isolées. La suivante indique le nombre de groupes de 10.

6 s'affiche : 0 0 0 6   36 s'affiche : 0 0 3 6

3 Complète.

Traits	Mesures
....	8 cm
AD	....
....	10 cm
EH	....
BC	....
....	9 cm
FG	....
....	13 cm

Multiple de 5 ou non ? L'enseignant interroge sur des nombres ≤ 30.

1 Pour comprendre l'algorithme des affichages successifs d'un compteur, on ajoute successivement une nouvelle unité à un nombre qui est représenté avec le matériel de numération habituel. Les enfants apprennent à négliger les zéros qui se trouvent à gauche de l'écriture canonique.

à un nombre à 2 chiffres

| Non. | Non. | Non. |
| Oui, c'est .... groupes de 5. | Oui, c'est .... groupes de 5. | Oui, c'est .... groupes de 5. |

② L'écureuil compte 74 + 10 sur un compteur.
Termine son travail en affichant
tous les nombres qui apparaissent.

Picbille calcule 74 + 10.

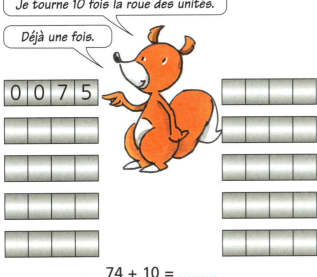

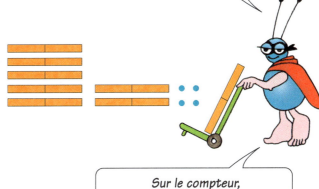

74 + 10 = ...

74 + 10 = ...

J'ai appris : Pour ajouter 10 sur un compteur,
plutôt que de tourner 10 fois la roue des unités isolées,
je peux tourner 1 fois celle des groupes de dix.

Jeu du furet de 10 en 10 avec le compteur

à partir de 0003 jusqu'à 0093, à partir de 0007 jusqu'à 0097, etc.

④ Quelle est la longueur de cette ligne brisée tracée par Mme Centimètre ?

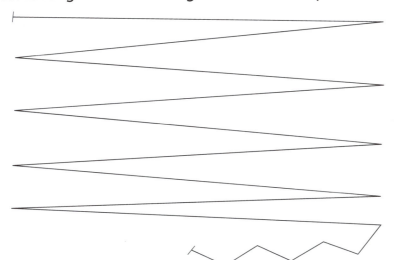

La ligne brisée
de Mme Centimètre
mesure .... cm.

② Utiliser le matériel de numération pour comprendre l'équivalence entre deux façons d'ajouter 10 sur un compteur. Dans **le jeu du furet avec le compteur**, l'enseignant écrit 3, par ex., au tableau sous la forme 0003 ; chaque enfant affiche ce nombre sur son compteur ; l'enseignant énonce « plus 10 » ; chaque enfant met à jour son compteur, l'enfant interrogé montre son compteur et l'affichage du tableau est mis à jour, etc.

SÉQUENCE 34

ARP Atelier de Résolution de Problèmes

Multiple de 2 ou non ?
Dictée

◯ ◯ ◯ ◯ ◯ ◯ ◯ ◯

① D'un pont, Mathilde voit ce carrefour :

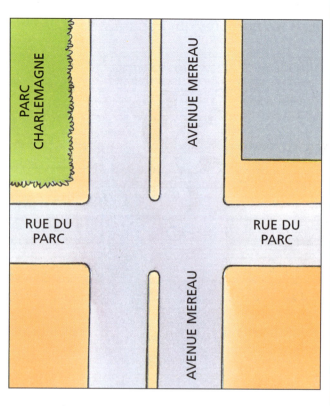

Sur le plan de la ville, dessine les 2 passages pour piétons et la voiture.
Indique d'une croix où se trouve la pharmacie.
La voiture va à Paris. Indique son chemin par une flèche et coche la bonne réponse.
La voiture doit : ☐ aller tout droit. ☐ tourner à gauche. ☐ tourner à droite.

② Imagine : À la fin du repas, M. Dujardin ouvre une boîte de 50 gâteaux mélangés.
M. Dujardin mange 6 gâteaux et Mme Dujardin en mange 5.
Leur fille Sophie mange 4 gâteaux et leur fils Éric en mange 4 lui aussi.
Avant de refermer la boîte, Sophie donne 1 gâteau à son chien.

Barre les questions quand on ne peut pas savoir.
Réponds aux autres questions.

1 ▶ *Qui a mangé le plus de gâteaux ?* ....

2 ▶ *Combien coûte la boîte de gâteaux ?* ....

3 ▶ *Combien de gâteaux ont été mangés ?* ....

4 ▶ *Combien y avait-il de gâteaux au chocolat dans la boîte ?* ....

5 ▶ *Combien reste-t-il de gâteaux dans la boîte ?* ....

Multiple de 2 ou non ? Même activité que sq 33, mais avec les multiples de 2. La tâche n'est pas si facile qu'on pourrait le croire. Tant que les élèves n'ont pas appris la commutativité de la multiplication, pour savoir si 12 est un multiple de 2, ils ne peuvent pas utiliser la relation « 2 fois 6, douze » (qui renvoie aux multiples de 6) mais calculent une addition réitérée 2+2+2... *Dictée* : les nombres sont compris entre 80 et 99.

① Rechercher dans une image les informations pertinentes pour résoudre un problème : comparaison d'une vue en perspective et d'un plan.

② Comprendre ce qu'est un énoncé de problème en jugeant si des questions sont pertinentes ou non dans le contexte d'un problème numérique.

44

Atelier de Résolution de Problèmes **ARP**

SÉQUENCE **35**

Multiple de 2 ou non ?
Dictée
○ ○ ○ ○ ○ ○ ○ ○

① *Problème :* Une maîtresse veut organiser un jeu dans la cour avec ses 24 élèves. Pour ce jeu, chaque enfant doit avoir un foulard. Mais il n'y a que 18 foulards.

Que peut-on chercher ? Complète :

On peut chercher combien ....
....

Pour résoudre ce problème, Sébastien, Mélanie et Cécile ont fait un schéma.
Deux schémas sont justes. Lesquels ? Entoure-les.

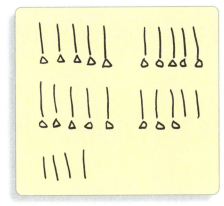
Sébastien

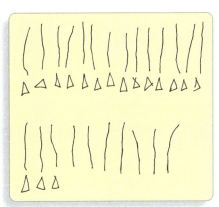
Mélanie

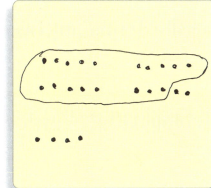
Cécile

Le schéma de .... est faux parce que ....

Écris une phrase pour dire quelle est la solution du problème : ....
....

② *Problèmes à résoudre sur le cahier*

Réponds (tu peux faire un schéma, écrire une égalité ou expliquer ta solution).

1 ▶ Mario a 18 images dans ses poches.
12 de ces images sont
dans sa poche droite.
Les autres sont dans sa poche gauche.

*Combien d'images Mario a-t-il
dans sa poche gauche ?*

2 ▶ Dans une petite école, 19 enfants
vont manger à la cantine.
On a déjà mis 6 assiettes.

*Combien d'assiettes
faut-il mettre encore ?*

3 ▶ M. Dupré achète un cartable à 24 €,
un livre à 10 € et un classeur à 5 €.

Combien coûtent ces achats ?

4 ▶ Dans la ferme de Mme Lebris,
il y a 10 poules et 48 poussins.
Un matin, 9 autres poussins naissent.

*Combien de poussins
y a-t-il maintenant ?*

5 ▶ Une directrice d'école achète
6 bandes dessinées à 10 € l'une.

Combien doit-elle payer ?

Multiple de 2 ou non ? Idem sq 34.
Dictée : les nombres sont compris entre 60 et 99.

① Différents points de vue peuvent être adoptés sur la situation : on pourra considérer que certains des élèves de la classe ne vont pas pouvoir jouer, ou qu'il faut aller chercher des foulards manquants, etc.

② On apprécie tout aussi positivement l'usage d'un schéma que celui d'une opération arithmétique.

SÉQUENCE 36 — Les multiples de 10 jusqu'à 100

Additions ○ ○ ○ ○ ○ ○ ○ ○

❶ Multiple de 10 ou non ?

47 → Non. / Oui, c'est ………
50 → Non. / Oui, c'est ………
62 → Non. / Oui, c'est ………
70 → Non. / Oui, c'est ………
83 → Non. / Oui, c'est ………
90 → Non. / Oui, c'est ………

À quoi reconnaît-on les multiples de 10 ? ………

❷ Multiple de 10 ou non ?

trente — Non. / Oui, c'est ………
cinquante-six — Non. / Oui, c'est ………
soixante-six — Non. / Oui, c'est ………
quatre-vingt-dix — Non. / Oui, c'est ………
quatre-vingt-douze — Non. / Oui, c'est ………

❸ Jeu du nombre Mystérieux

33   45   46   51
54   55   56   58

vingt + treize = ………
vingt-quatre + trente = ………
seize + quarante = ………
trente + quinze = ………
trente-cinq + vingt = ………
onze + quarante = ………
quarante + dix-huit = ………

Le nombre mystérieux :

❹ Un nouveau groupe de 10 ou non ? Écris les résultats en chiffres.

vingt-cinq + huit = ………
soixante-neuf + six = ………
quatorze + sept = ………
quatre-vingt-trois + sept = ………
douze + neuf = ………
quatre-vingt-dix-sept + deux = ………
soixante-six + cinq = ………
seize + huit = ………

Additions : S ≤ 20 (n + 5, doubles + 1, passage de la dizaine et cas du type « douze + sept ».

❶ Se demander si « quatre-vingt-dix » est un multiple de 10 ou non, c'est se demander si ce nombre correspond à un nombre exact de groupes de dix (ou dizaines). Chercher ce nombre de groupes de 10 est une tâche de numération classique qui deviendra particulièrement intéressante au-delà de 100.

Calcul réfléchi de l'addition : cas général (somme ≤ 100)

SÉQUENCE 37

Additions

❶ Mathilde et Mathieu calculent 27 + 36

Je cherche combien il y a de groupes de 10 et d'unités isolées.

Avec les unités isolées, on peut former un nouveau groupe de 10 !

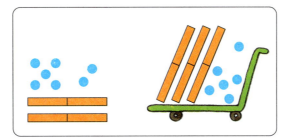

27 + 36 = ...

Un nouveau groupe de 10 ou non ? Écris les résultats en chiffres.

31 + 18 = ...	43 + 7 = ...	28 + 6 = ...
23 + 15 = ...	22 + 38 = ...	17 + 37 = ...
42 + 37 = ...	34 + 36 = ...	39 + 45 = ...

❷ Jeu du nombre Mystérieux

28 + 25 = ...   25 + 15 = ...   7 + 12 = ...

14 + 6 = ...   58 + 15 = ...   20 + 39 = ...

32 + 48 = ...   30 + 40 = ...   6 + 54 = ...

18 + 21 = ...   43 + 36 = ...

19	20	33	39
40	53	59	60
70	73	79	80

Le nombre mystérieux : ......

❸ Pour aller du point A au point B, on peut prendre le chemin du haut ou celui du bas.
Lequel est le plus court ?

Le chemin du haut mesure ....

Le chemin du bas mesure ....

Le chemin le plus court est ....

Additions : idem sq 36.

❶ et ❷ Le cas général du calcul réfléchi d'une addition de 2 nombres (S ≤ 100) est abordé avec des nombres écrits en chiffres pour faciliter la gestion du phénomène de la retenue dans les cas les plus difficiles, comme 27 + 36.

SÉQUENCE 38

Bilan terminal de la première période

Dictée

1. Écris la table des doubles de 6 + 6 à 10 + 10.

6 + 6 = ...

2. Calcule et écris les résultats en chiffres.

4 + 9 = ...   trente + cinquante = ...   trente-deux + neuf = ...
8 + 7 = ...   onze + trente = ...   cinquante + vingt-deux = ...
13 + 4 = ...   douze + cinquante = ...   soixante + trente-cinq = ...

3. Calcule.

9 − 7 = ...   10 − 7 = ...   9 − 3 = ...   8 − 6 = ...
8 − 2 = ...   6 − 4 = ...   7 − 7 = ...   10 − 4 = ...

4. Rappelle-toi :

6 > 3   2 < 5

Place le signe qui convient : =, > ou <.

3 + 28 32   treize + six 19
23 .... 9 + 14   77 .... soixante-douze + quatre
37 .... 10 + 10 + 10 + 6   10 + 10 + 10 + 10 + 5 54

5. Multiple de **3** ou non ?

 Non.
12 ⟨ Oui, c'est ....

20 ⟨ Non.
     Oui, c'est ....

21 ⟨ Non.
     Oui, c'est ....

Multiple de **5** ou non ?

17 ⟨ Non.
     Oui, c'est ....

20 ⟨ Non.
     Oui, c'est ....

35 ⟨ Non.
     Oui, c'est ....

6. Écris sous la file numérique les nombres suivants : 5, 19, 31, 46, 49.

5

Bilan : on trouve un bilan analogue avec d'autres données numériques dans le Livre du maître.
Dictée : les nombres sont compris entre 60 et 99.

7 Complète le tableau de mesures ci-dessous. Utilise ta règle en carton graduée en cm.

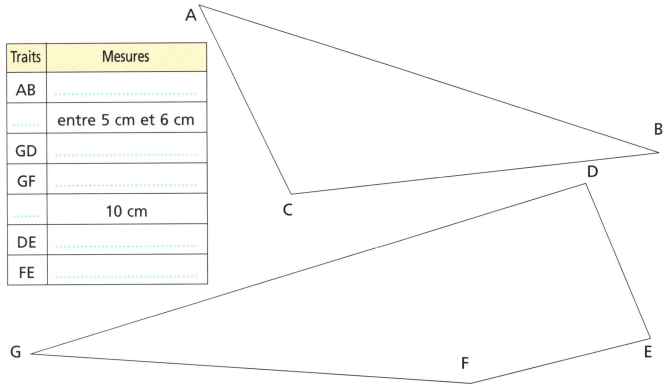

Traits	Mesures
AB	....
....	entre 5 cm et 6 cm
GD	....
GF	....
....	10 cm
DE	....
FE	....

8 Recherche tous les cas où 3 points sont alignés.
Il y a 3 solutions. Montre-les en traçant les 3 traits droits et réponds.

– Les points .... sont alignés.
– ....
– ....

9 *Problèmes à résoudre sur le cahier*

Réponds (tu peux faire un schéma, écrire une égalité ou expliquer ta solution).

1 ▶ Louis a 10 chewing-gums.
3 de ces chewing-gums sont carrés et les autres sont ronds.

Combien Louis a-t-il de chewing-gums ronds ?

2 ▶ À la pâtisserie, Saïda a acheté 3 paquets de 12 macarons.

Combien de macarons Saïda a-t-elle achetés ?

49

SÉQUENCE 39

La numération décimale jusqu'à 200 (1) : 130, c'est 13 groupes

Deuxième période

Arithmétique : numération, soustraction (calcul réfléchi), addition en colonnes.
Géométrie : travaux sur quadrillages (codage de nœuds et de déplacements, reproduction de figures, symétrie).
Mesure : longueurs (le m), lecture de l'heure, masses (le g).

1 Prends ton compteur en carton et les couvercles des valises qui sont à la fin de ton fichier.

Picbille et Dédé ont 98 billes.   Ce nombre   Sur un compteur,
Ils ajoutent successivement 1 bille.   s'écrit en lettres :   ce nombre s'affiche ainsi :

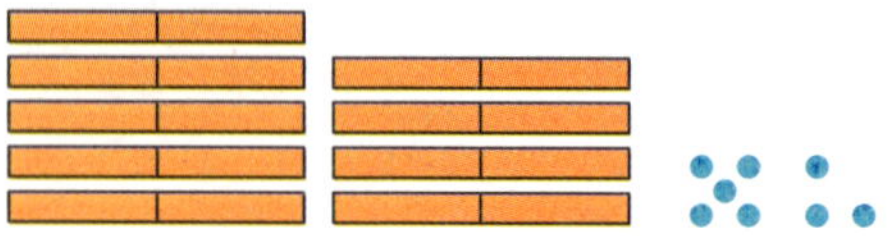

...quatre-vingt-dix-huit... | 0 | 0 | 9 | 8 |

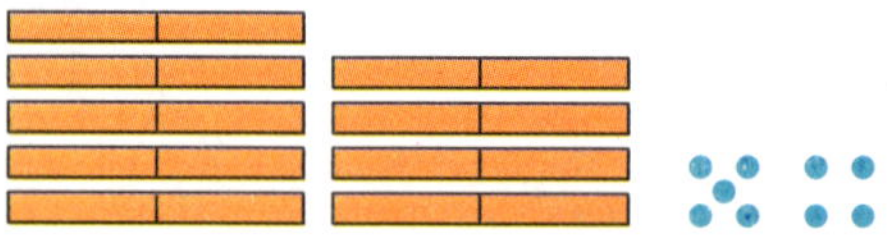

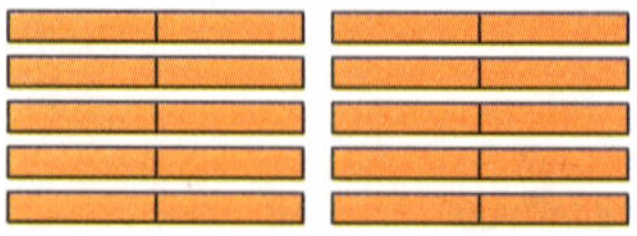

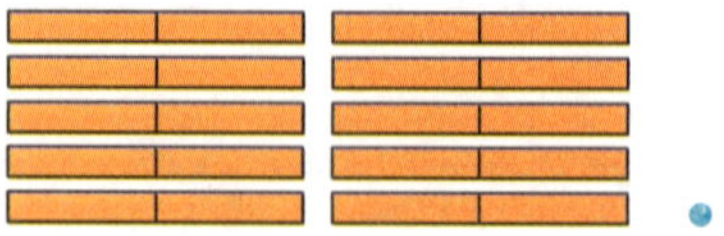

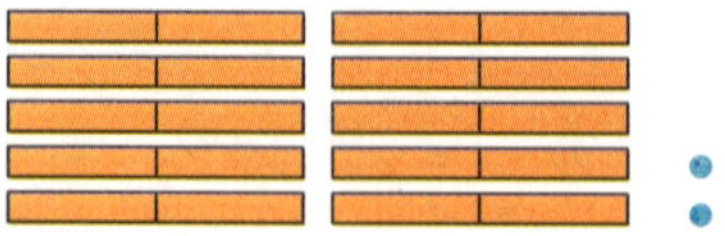

J'ai appris : 10 groupes de 10, c'est 100 (ou une centaine). Quand Picbille a 10 boîtes de 10 billes, il les range dans une valise et la ferme :

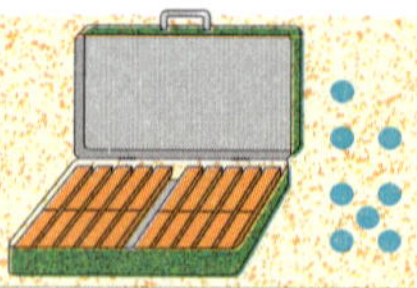

2 Picbille et Dédé ont…

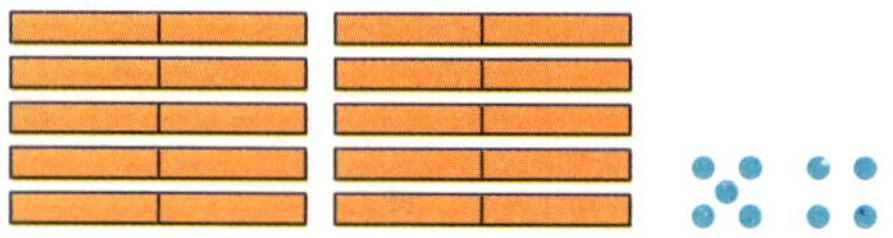

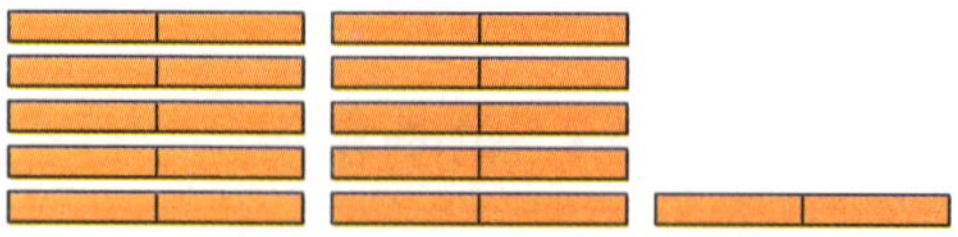

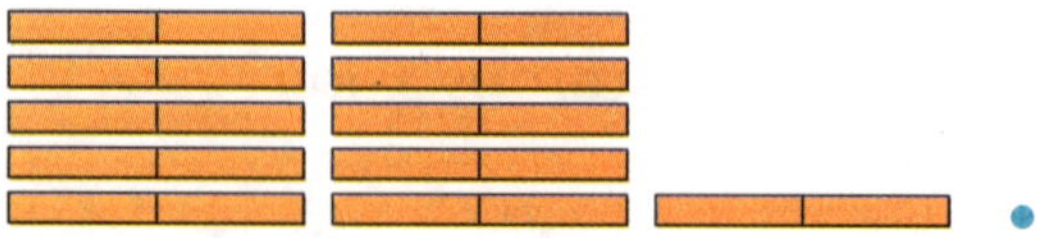

Dictée : de 60 à 99.

❶ Exceptionnellement, cette sq 39 se déroule sur 4 pages et correspond à 2 jours d'activités. L'idée générale de la progression est la suivante. Il est facile de savoir combien un nombre de 3 chiffres contient de centaines parce que ça s'entend : quand on lit « 234 », par ex., on entend « deux cent… ». Mais il est difficile de savoir que ce nombre contient 23 groupes de 10 parce que ça ne s'entend

de 10 (compteur et collections organisées en base 10)

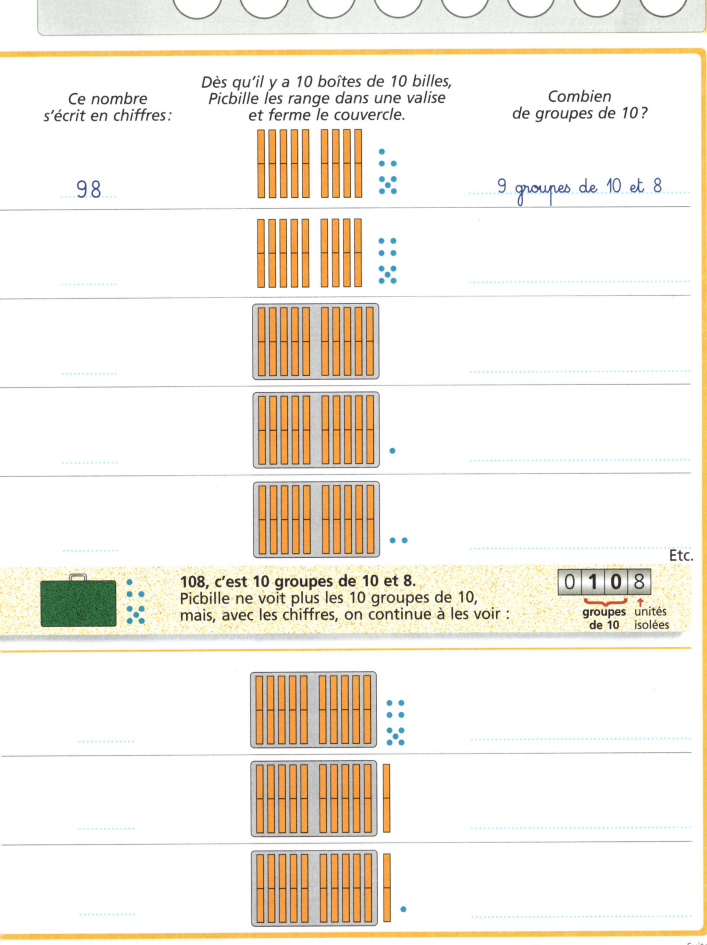

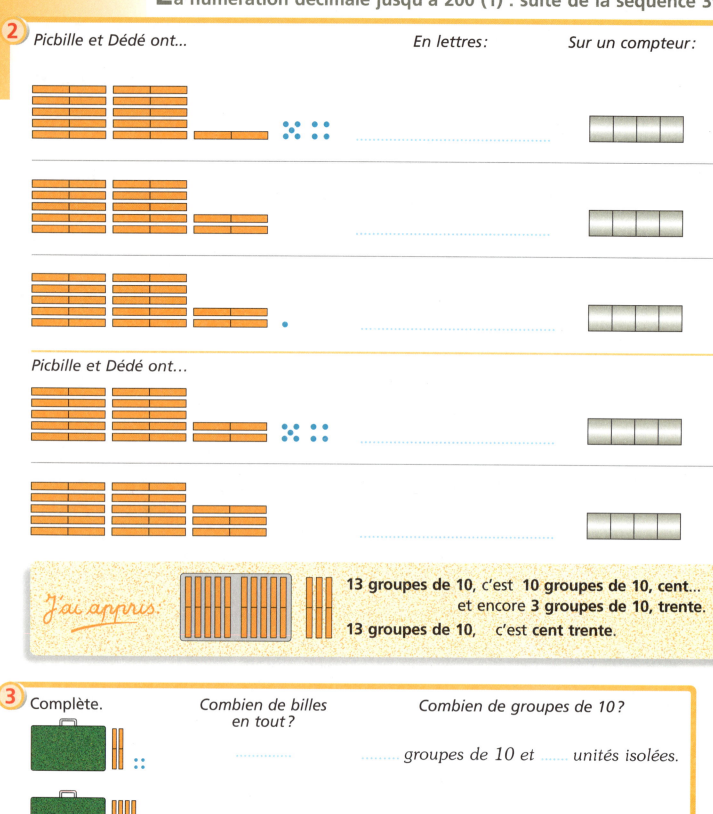

En chiffres :	Ferme la valise.	Combien de groupes de 10 ?
....	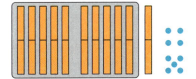	....
....	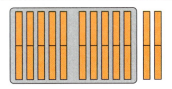	....
....	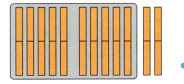	....
....	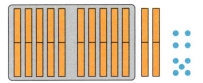	....
....	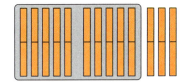	Etc.

 Quand Picbille a 137 billes, il ne voit plus les 13 groupes de 10, mais, avec les chiffres, on continue à les voir :

0 **1** **3** 7
↑ ↑
groupes unités
de 10   isolées

1 **3** 7
↑ ↑
groupes unités
de 10   isolées

4 Jeu du nombre Mystérieux

17	24	37	40
44	47	50	54
57	60	70	74
77	80	84	87

16 + 24 = ...   24 + 60 = ...   15 + 9 = ...

62 + 8 = ...   29 + 21 = ...   6 + 68 = ...

27 + 50 = ...   4 + 13 = ...   31 + 16 = ...

18 + 19 = ...   40 + 40 = ...   78 + 9 = ...

40 + 17 = ...   29 + 15 = ...   24 + 30 = ...

Le nombre mystérieux :

▷ la décomposition 100 + 30 + 8 est privilégiée, mais il suffit d'imaginer les 10 boîtes qui sont dans la valise pour savoir que c'est aussi 13 groupes de 10 (dizaines) et 8 unités isolées. Lorsqu'un élève a produit la bonne réponse, l'enseignant, en feignant la surprise, peut créer une situation pédagogique intéressante : « Mais je ne les vois pas les 13 groupes de 10, je n'en vois que 3 ! ».

SÉQUENCE 40 — La numération jusqu'à 200 (2) : 13 groupes de 10, c'est 130

Furet à l'endroit avec compteur
Dictée

1 Voici des boîtes de 10 craies. Réponds.

Il y a .... craies en tout.

Il y a ..... boîtes de 10 craies.

2 Madame Centimètre a tracé cette ligne brisée. Réponds.

Cette ligne brisée mesure .... cm.

Cette ligne est formée de .... traits de 10 cm.

3 Voici des billets de 10 €. Réponds.

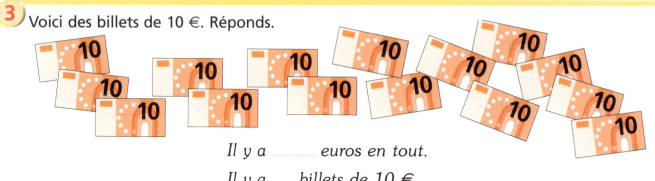

Il y a .... euros en tout.

Il y a ..... billets de 10 €.

J'ai appris : Quand des objets, des cm ou des euros sont groupés par 10, pour savoir combien il y a d'objets, de cm ou d'euros en tout, je peux les compter « dix, vingt, trente… ».
Mais je peux aussi compter les groupes de 10 :
« un, deux, trois…, dix-sept », 17 groupes de 10, c'est 170.

Furet à l'endroit avec compteur de 1 en 1 : l'enseignant écrit 97, par ex., au tableau sous la forme 0097 ; chaque enfant affiche ce nombre sur son compteur. L'enseignant énonce « plus 1 » ; chaque enfant met à jour son compteur, l'enfant interrogé dit le nombre, montre son compteur et l'affichage du tableau est mis à jour, etc. **Dictée :** $100 \leq n \leq 199$ (quelques cas du type : 106).

(contextes divers)

4 Complète ces égalités.

10 + 10 + 10 + 10 + 10 + 10 + 10 + 10 + 10 + 3 = ...

10 + 10 + 10 + 10 + 10 + 10 + 10 + 10 + 10 + 10 + 10 + 5 = ...

10 + 10 + 10 + 10 + 10 + 10 + 10 + 10 + 10 + 10 + 10 + 10 + 10 + 10 + 10 + 10 + 9 = ...

Multiple de 10 ou non ?

(110) → Non.
     → Oui, c'est ....

(119) → Non.
     → Oui, c'est ....

(130) → Non.
     → Oui, c'est ....

(148) → Non.
     → Oui, c'est ....

(190) → Non.
     → Oui, c'est ....

cent vingt
Non.   Oui, c'est ....

cent trente-deux
Non.   Oui, c'est ....

cent soixante
Non.   Oui, c'est ....

cent quatre-vingts
Non.   Oui, c'est ....

5 Voici 11 carnets de 10 timbres et 3 timbres :

Combien y a-t-il de timbres en tout ?

....

Voilà 17 billets de 10 € et 6 pièces de 1 € :

Combien y a-t-il d'euros en tout ?

....

6 Jeu du nombre Mystérieux

30 + 60 = ...	45 + 46 = ...	7 + 23 = ...
4 + 32 = ...	22 + 34 = ...	78 + 8 = ...
28 + 12 = ...	31 + 50 = ...	34 + 7 = ...
19 + 7 = ...	16 + 15 = ...	

26   30   31   36
40   41   56   60
81   86   90   91

Le nombre mystérieux : ....

❶ à ❸ Pour répondre à la 1re question, des élèves comptent de 10 en 10 : « dix, vingt… ». La 2de question favorise la prise de conscience du fait qu'ils auraient pu compter des groupes de 10 : « un, deux… ».

❹ et ❺ Activités qui utilisent la propriété : « 13 groupes de 10, c'est 130 », mais il convient en plus de gérer des unités isolées.

SÉQUENCE 41

Calcul réfléchi de l'addition : sommes du type 60 + 80

| Compléments à 100 | .... + ... = 100 | .... + ... = 100 | .... + ... = 100 | .... + ... = 100 | .... + ... = 100 |

1

Tu vas apprendre à calculer la somme de deux nombres qui se terminent par 0.

cent trente + quarante

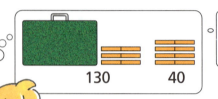

C'est facile, il suffit de connaître trente + quarante.

130   40

quatre-vingts + quarante

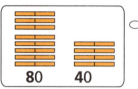

C'est plus difficile ! 8 plus 4, 12. 12 groupes de 10, c'est...

80   40

cent trente + quarante = ...   quatre-vingts + quarante = ...

Calcule (écris les résultats en chiffres).

cinquante + soixante = ...   cent cinquante + vingt = ...

cent vingt + cinquante = ...   quatre-vingt-dix + trente = ...

soixante-dix + quarante = ...   soixante + soixante-dix = ...

2

Jeu du nombre Mystérieux

36 + 12 = ...   28 + 120 = ...   50 + 90 = ...

120 + 22 = ...   7 + 33 = ...   12 + 30 = ...

80 + 70 = ...   110 + 28 = ...   28 + 10 = ...

38   40   42   48   50

138   140   142   148   150

Le nombre mystérieux :

3

Complète.

Combien de billes en tout ?   Combien de groupes de 10 ?

.... groupes de 10 et .... unités isolées.

.... groupes de 10 et .... unité isolée.

Multiple de 10 ou non ?

 132 → Non.
     → Oui, c'est ....

cent trente
Non.   Oui, c'est ....

 140 → Non.
     → Oui, c'est ....

cent soixante-dix
Non.   Oui, c'est ....

Compléments à 100 : on donne oralement un nombre qui se termine par zéro, 70 par ex.; l'élève trouve le complément à 100 et écrit l'égalité. On peut raisonner ainsi : « 70 c'est 7 groupes de 10; il faut ajouter 3 groupes de 10, 30 ».

❶ et ❷ Pour *quatre-vingts + quarante*, la stratégie adoptée ici conduit à utiliser la propriété : « 12 groupes de 10, c'est 120 ». On peut aussi faire un « passage de la centaine » : 80 + 20 + 20.

Passer d'une représentation 3D à une représentation 2D

SÉQUENCE 42

Furet à l'envers avec compteur

Dictée

① Observe et décris cette image. Compare-la avec le plan qui se trouve sur la page suivante.

Furet à l'envers avec compteur de 1 en 1 : idem sq 40, mais on commence à 117 par ex., et on décompte de 1 en 1. **Dictée :** idem sq 40.

① L'activité se déroule sur 3 pages. L'image en perspective et le plan sont situés recto-verso pour que les élèves ne puissent pas les voir en même temps : ils sont obligés de reconstruire mentalement le paysage à partir de la représentation schématique donnée par le plan.

Suite

57

Passer d'une représentation 3D à une représentation 2D (suite)

2

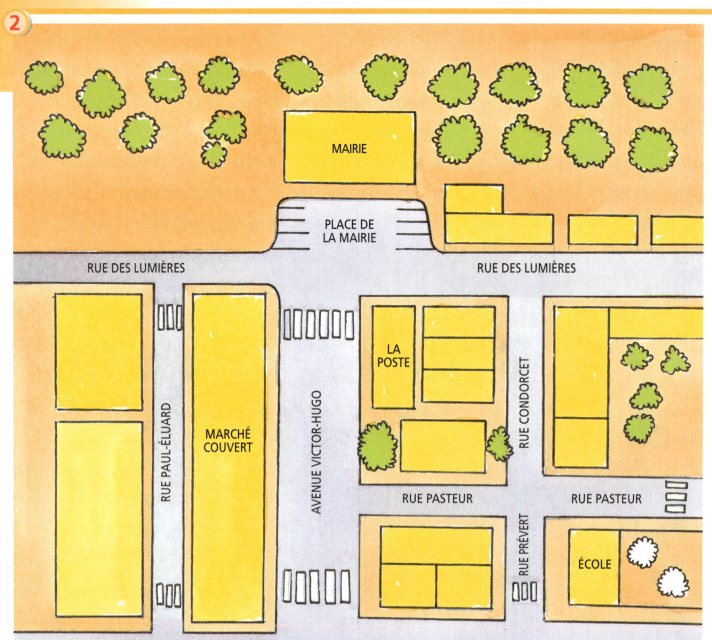

3 Complète.

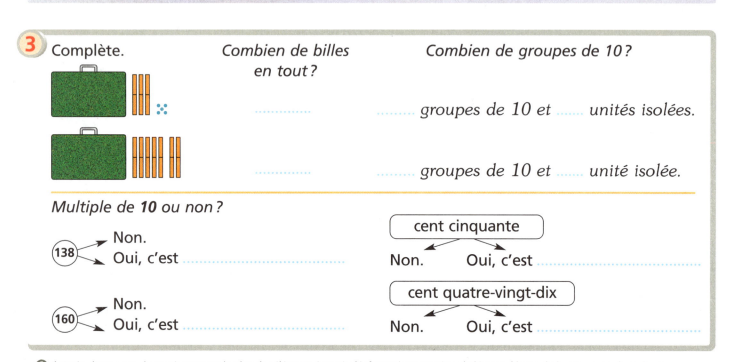

Combien de billes en tout ?

Combien de groupes de 10 ?

.... groupes de 10 et ...... unités isolées.

.... groupes de 10 et ...... unité isolée.

Multiple de 10 ou non ?

138 → Non.
    → Oui, c'est ....

cent cinquante
Non.   Oui, c'est ....

160 → Non.
    → Oui, c'est ....

cent quatre-vingt-dix
Non.   Oui, c'est ....

❷ Il s'agit, d'une part, de représenter sur le plan des éléments à partir d'informations extraites de l'image (dessin du bassin, par ex.) et, d'autre part, de représenter un trajet sur le plan. En fin d'activité, on pourra faire suivre le trajet avec le doigt sur le paysage de la page 57 lui-même.

a Colorie en vert les arbres dans la cour de l'école.

b Le bassin du parc de la Mairie n'est pas dessiné.
Trace un cercle pour le représenter.

c Un passage pour piétons dans la rue Condorcet a été oublié. Dessine-le.

d Dessine, aux endroits où ils se trouvent, la voiture, le vélo et le piéton.

e Dessine un chien devant la boucherie.

f Dessine un piéton sur le passage entre la poste et le marché, derrière la voiture.

g Les mots « CINÉMA » et « THÉÂTRE » ne sont pas écrits sur le plan. Écris-les.

h Nina sort de l'école. Elle rentre chez elle à vélo.
Suis du doigt le chemin qu'elle emprunte :
– En sortant de l'école, elle prend la rue Prévert.
– Elle tourne à gauche et prend la rue Pasteur.
– Elle tourne à droite et prend l'avenue Victor-Hugo.
– Elle tourne à gauche et prend la rue des Lumières.
– Elle prend la première rue à gauche, où elle habite (dans la première maison).
Dessine cet itinéraire sur le plan.

i *Vrai ou faux ?* Entoure la bonne réponse :

Nina passe devant la boucherie.	V	F
Elle prend l'avenue Victor-Hugo.	V	F
Elle passe devant la poste.	V	F
Elle passe devant le cinéma.	V	F
Elle prend la rue Condorcet.	V	F
Elle habite rue Paul-Éluard.	V	F

4 Calcule (écris les résultats en chiffres).

soixante-dix + cinquante = ...   cent vingt + soixante = ...

cent dix + trente = ...   quarante + soixante = ...

quatre-vingt-dix + soixante = ...   quatre-vingts + quatre-vingts = ...

5 Jeu du nombre Mystérieux

39   40   41   59   60

125 + 14 = ...   24 + 16 = ...   151 + 8 = ...

139   140   149   159   160

70 + 90 = ...   29 + 31 = ...   34 + 7 = ...

17 + 22 = ...   120 + 29 = ...   80 + 60 = ...

Le nombre mystérieux :

59

SÉQUENCE 43 — La numération décimale au-delà de 200 (1) : 230, c'est 23 groupes

Numération décimale   ...... c'est ...... groupes de 10.   ...... c'est ...... groupes de 10.

1 Picbille et Dédé ont...   En lettres :

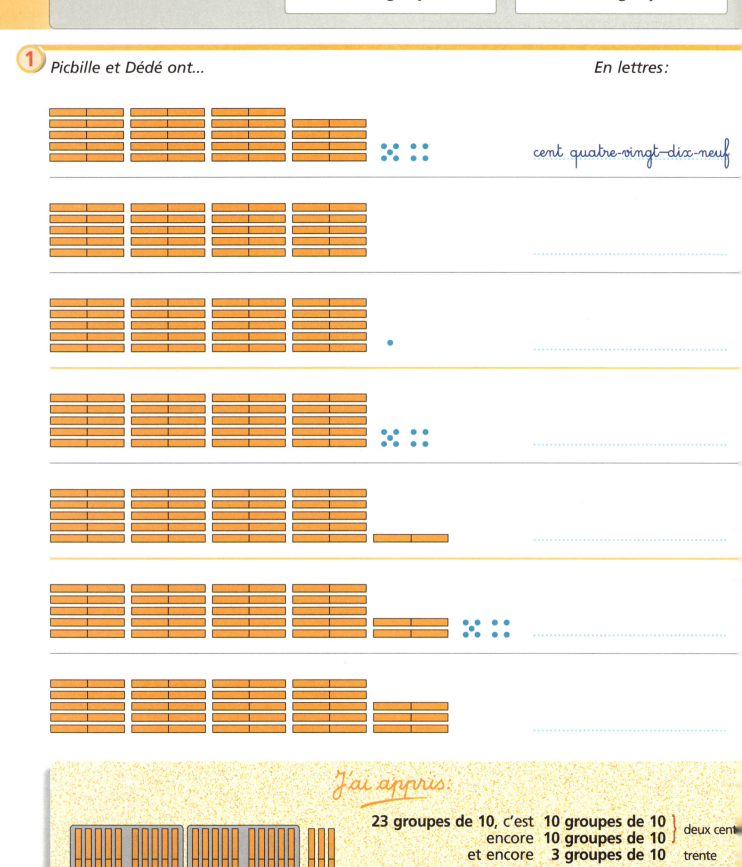

cent quatre-vingt-dix-neuf

J'ai appris :

23 groupes de 10, c'est 10 groupes de 10 ⎱ deux cent
                encore 10 groupes de 10 ⎰
            et encore   3 groupes de 10   trente

23 groupes de 10, c'est **deux cent trente**.

Numération décimale : les nombres proposés se terminent par 0 et sont ≤ 190. L'enseignant dessine au tableau 1 valise et 7 boîtes (1 valise et 4 boîtes, etc.) ; les élèves écrivent le nombre total ainsi que le nombre de groupes de 10. Lors de la validation, l'enseignant peut feindre la surprise : « Mais je ne les vois pas, les 17 groupes de 10 ! » L'objectif est que les élèves explicitent : « Il y a 10 groupes de 10 dans la valise, et 7 à l'extérieur. »

de 10 (compteur et collections organisées en base 10)

| ...... c'est ...... groupes de 10. | ...... c'est ...... groupes de 10. | ...... c'est ...... groupes de 10. |

Sur un compteur et en chiffres :   *Colle les couvercles.*   *Combien de groupes de 10 ?*

| 0 | 1 | 9 | 9 |

199

19 groupes de 10 et 9

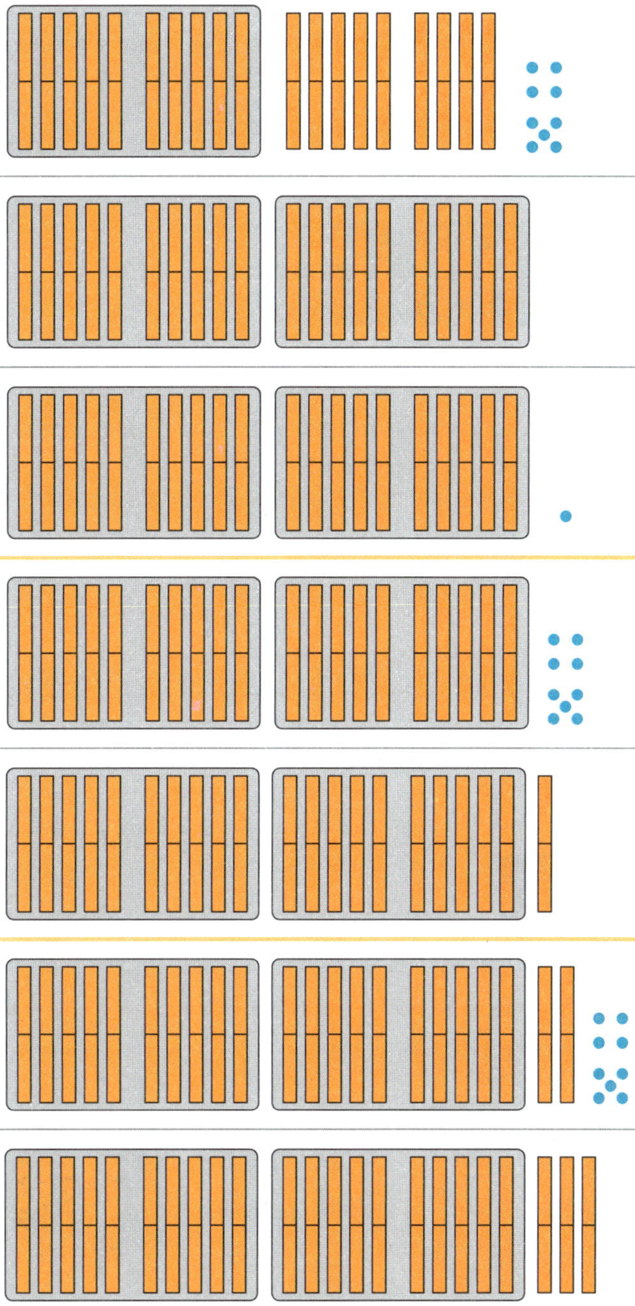

Etc.

Quand Picbille a 237 billes, il ne voit plus les 23 groupes de 10.

Mais, avec les chiffres, on continue à les voir :

| 0 | 2 | 3 | 7 |

↑ ↑
groupes   unités
de 10   isolées

237

↑ ↑
groupes   unités
de 10   isolées

❶ La propriété découverte lors de la séquence 39 est ici étendue aux nombres ≥ 200 en utilisant les mêmes moyens pédagogiques.

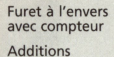

La numération décimale au-delà de 200 (2) : 23 groupes de 10,

Furet à l'envers avec compteur
Additions

① Qui a raison, Picbille ou l'écureuil ?

Il y a 240 billes. C'est 24 groupes de 10.

Tu te trompes, Picbille ! Moi, je ne vois que 4 groupes de 10 !

② Complète.

	Combien de billes en tout ?	Combien de groupes de 10 ?
	....	.... groupes de 10
	....	.... groupes de 10
	....	.... groupes de 10
	....	.... groupes de 10

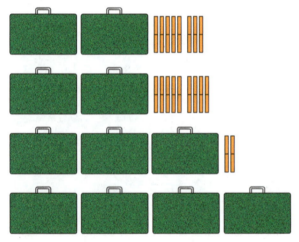

③ Voici des boîtes de 10 crayons. Réponds.

Il y a .... crayons en tout.
Il y a .... boîtes de 10 crayons.

J'ai appris : Quand beaucoup d'objets sont groupés par 10, pour savoir combien il y en a en tout, c'est très long de compter : « dix, vingt, trente, etc. »

Il vaut mieux compter les groupes de 10 : **27 groupes de 10, c'est 270 ;
32 groupes de 10, c'est 320.**

Furet à l'envers avec compteur de 1 en 1 : idem sq 42, mais on commence à 217 par ex., et on décompte de 1 en 1.
Additions : les calculs proposés sont du type « cent-vingt + quarante » ou « quatre-vingts + quarante » (stratégies enseignées sq 41).

...est 230 (contextes divers)

4 Complète ces égalités.

10 + 10 + 10 + 10 + 10 + 10 + 10 + 10 + 10 + 10 + 10 + 10 + 10 + 10 + 10 + 10 + 10 + 10 + 10 + 10 = ...

10 + 10 + 10 + 10 + 10 + 10 + 10 + 10 + 10 + 10 + 10 + 10 + 10 + 10 + 10 + 10 + 10 + 10 + 10 + 10 + 10 + 10 + 8 = ...

Multiple de 10 ou non ?

→ Non.
→ Oui, c'est ......

deux cent soixante-trois
Non.   Oui, c'est ......

→ Non.
→ Oui, c'est ......

deux cent soixante-dix
Non.   Oui, c'est ......

→ Non.
→ Oui, c'est ......

trois cent dix
Non.   Oui, c'est ......

→ Non.
→ Oui, c'est ......

trois cent quarante
Non.   Oui, c'est ......

5 Voici 39 carnets de 10 timbres et 5 timbres :

Combien y a-t-il de timbres en tout ?

Voilà 47 billets de 10 € et 8 pièces de 1 € :

Combien y a-t-il d'euros en tout ?

6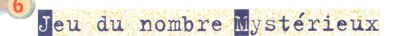

230 + 17 =	42 + 28 =	5 + 58 =	43	47	50	63
30 + 60 =	52 + 15 =	210 + 50 =	67	70	83	90
27 + 230 =	6 + 41 =	77 + 6 =	250	247	257	260
17 + 26 =	150 + 100 =	**Le nombre mystérieux :**				

① à **⑤** En 1 et 2, les élèves sont à nouveau amenés à concevoir « deux cent quarante », par exemple, comme 24 groupes de 10 : en plus des 4 dix signalés par le mot « quarante » (et qu'on voit sous forme de boîtes), il y a 10 groupes de 10 dans chacun des deux « cents » représentés par une valise. Lors de la validation du travail des élèves, il est utile que l'enseignant « fasse l'écureuil » en feignant de ne pas comprendre : « Tu dis qu'il y a 18 groupes de 10, mais je n'en vois que 8 ! » pour s'assurer que l'élève interrogé se représente les groupes de 10 dans 100.

SÉQUENCE 45

ARP Atelier de Résolution de Problèmes

Furet à l'endroit avec compteur
Dictée

○ ○ ○ ○ ○ ○ ○

① Observe ce calendrier.

OCTOBRE					
L	1	Thérèse	M	16	Edwige
M	2	Léger	M	17	Baudouin
M	3	Gérard	J	18	Luc
J	4	François	V	19	René
V	5	Fleur	S	20	Adeline
S	6	Bruno	**D**	**21**	**Céline**
D	**7**	**Serge**	L	22	Élodie
L	8	Pélagie	M	23	Jean de C.
M	9	Denis	M	24	Florentin
M	10	Ghislain	J	25	Crépin
J	11	Firmin	V	26	Dimitri
V	12	Wilfried	S	27	Émeline
S	13	Géraud	**D**	**28**	**Simon**
D	**14**	**Juste**	L	29	Narcisse
L	15	Thérèse A.	M	30	Bienvenue
			M	31	Quentin

NOVEMBRE					
J	1	TOUSSAINT	V	16	Marguerite
V	2	Défunts	S	17	Élisabeth
S	3	Hubert	**D**	**18**	**Aude**
D	**4**	**Charles**	L	19	Tanguy
L	5	Sylvie	M	20	Edmond
M	6	Bertille	M	21	Pres. Marie
M	7	Carine	J	22	Cécile
J	8	Geoffroy	V	23	Clément
V	9	Théodore	S	24	Flora
S	10	Léon	**D**	**25**	**Catherine**
D	**11**	**ARMISTICE**	L	26	Delphine
L	12	Christian	M	27	Séverin
M	13	Brice	M	28	Jacques
M	14	Sidoine	J	29	Saturnin
J	15	Albert	V	30	André

DÉCEMBRE					
S	1	Florence	**D**	**16**	**Alice**
D	**2**	**Avent**	L	17	Gaël
L	3	Xavier	M	18	Gatien
M	4	Barbara	M	19	Urbain
M	5	Gérald	J	20	Abraham
J	6	Nicolas	V	21	Pierre C.
V	7	Ambroise	S	22	HIVER
S	8	Im. Conc.	**D**	**23**	**Armand**
D	**9**	**P. Fourier**	L	24	Adèle
L	10	Romaric	M	25	NOËL
M	11	Daniel	M	26	Étienne
M	12	Jeanne	J	27	Jean
J	13	Lucie	V	28	Innocents
V	14	Odile	S	29	David
S	15	Ninon	**D**	**30**	**Roger**
			L	31	Sylvestre

Combien y a-t-il de jours en octobre ? .... *En novembre ?* ....

En décembre ? ....

Coche la bonne réponse. Cette année-là, le 31 octobre était :   ☐ un lundi.
   ☐ un mardi.
   ☐ un mercredi.

Quelle est la date de Noël sur ce calendrier ? (Écris le nom du jour, le numéro et le mois.)

....

Combien y a-t-il de dimanches en octobre ? .... *En novembre ?* ....

En décembre ? ....

Cette année-là, les vacances d'automne commencent le 27 octobre au matin.
Elles se terminent le 4 novembre au soir. *Combien de jours durent-elles ?*

....

② Imagine : *M. Ruiz va partir en vacances à la montagne. Il prend un billet de 50 € et va acheter une paire de chaussures de marche et une gourde. Les chaussures coûtent 39 € et la gourde coûte 10 €.*

Barre les questions quand on ne peut pas savoir.
Réponds aux autres questions.

1 ▶ *Combien de temps mettra M. Ruiz pour faire ses achats ?* ....

2 ▶ *Combien coûtent en tout ces deux achats ?* ....

3 ▶ *M. Ruiz a-t-il pris assez d'argent pour payer ces deux achats ?* ....

4 ▶ *Combien de kilomètres M. Ruiz va-t-il parcourir durant ses vacances ?* ....

Furet à l'endroit avec compteur de 1 en 1 : idem sq 40 avec 0397 comme nombre de départ.
Dictée : 100 ≤ n ≤ 499 (quelques cas du type : 306).

① Rechercher dans un document les informations pertinentes pour résoudre un problème : comprendre l'organisation d'un calendrier.

② Comprendre ce qu'est un énoncé de problème en jugeant si des questions sont pertinentes ou non dans le contexte d'un problème numérique.

Atelier de Résolution de Problèmes ARP

SÉQUENCE 46

Numération décimale
Dictée

① *Problème :* Aurélien, Bruno et Claudia se partagent équitablement tous les bonbons d'un paquet. Dans ce paquet, il y a 19 bonbons.

Que peut-on chercher ? Complète :

On peut chercher combien ....

Pour résoudre ce problème, Cécile, Mélanie et Sébastien ont fait un schéma.
Deux schémas sont justes. *Lesquels ?* Entoure-les.

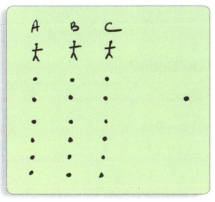
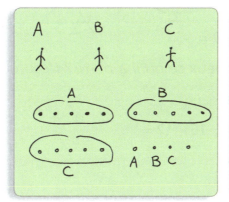
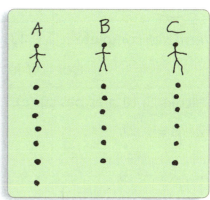

Cécile   Mélanie   Sébastien

Le schéma de .... est faux parce que ....

Écris une phrase pour dire quelle est la solution du problème : ....

② *Problèmes à résoudre sur le cahier*

Réponds (tu peux faire un schéma, écrire une égalité ou expliquer ta solution).

1 ▶ Céline a une collection de 21 fèves. Vincent commence sa collection et il a déjà 17 fèves. Il veut avoir autant de fèves que Céline.

Combien de fèves doit-il acheter ?

2 ▶ Un boulanger a fabriqué 32 croissants. À 10 heures du matin, il a déjà vendu 28 de ces croissants.

Combien de croissants y a-t-il encore dans la boulangerie ?

3 ▶ 4 enfants se partagent 15 images en parts égales.

Combien d'images aura chaque enfant ? Restera-t-il des images ?

4 ▶ 12 équipes de 10 enfants participent à un tournoi de base-ball.

Combien d'enfants participent à ce tournoi ?

5 ▶ Laëtitia a 10 perles bleues et 38 perles jaunes dans un coffret.

Combien de perles Laëtitia a-t-elle dans son coffret ?

Numération : idem sq 43.
Dictée : idem sq 45.

① Outre les difficultés soulignées précédemment concernant cette tâche, une autre apparaît ici : comprendre l'expression « partager équitablement ». Ce sera l'occasion d'introduire d'autres formulations : « en parts égales », « pour que chacun ait la même part », etc.

② On apprécie tout aussi positivement l'usage d'un schéma que celui d'une opération arithmétique.

65

SÉQUENCE 47 — Calcul réfléchi de la soustraction : « retirer beaucoup » à n ≤ 20

Soustractions ◯ ◯ ◯ ◯ ◯ ◯ ◯ ◯

1

L'écureuil compte 13 − 9   Dédé calcule 13 − 9

Je barre 9 points dans les 10.
13 − 9, c'est 1 et encore…

Vérifie et complète :   13 − 9 = ……   13 − 9 = ……

Qui voit le mieux ce qu'il a barré ? L'écureuil ou Dédé ?

Calcule. Si tu n'es pas sûr(e), dessine.

12 − 8 = ……   16 − 12 = ……   14 − 9 = ……

2

Tu vas apprendre à calculer des soustractions sans dessiner.
Exemple : 16 − 9

a  *J'ai pris le carton sur lequel je vois 16 points. Imagine ce que je vois.*

b 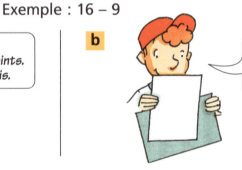 *J'ai caché 9 points. Imagine ce que je vois… 16 − 9, égale…*

16 − 9 = ……

Imagine ce que voit Dédé. Si tu n'es pas sûr(e), dessine sur ton ardoise.

13 − 8 = ……   15 − 9 = ……   11 − 8 = ……   12 − 9 = ……
11 − 7 = ……   14 − 8 = ……   14 − 10 = ……   14 − 11 = ……

3

Complète.   Combien de billes en tout ?   Combien de groupes de 10 ?

…………   …… groupes de 10 et ……

…………   …… groupes de 10 et ……

Soustractions : calculs de a − b pour a ≤ 10 (idem sq 7).

❶ et ❷ Retirer beaucoup à *n* avec 10 ≤ *n* ≤ 20. Dans ce cas, quand *n* est représenté « comme Dédé », avec la constellation de 10 en bas, on a intérêt à retirer les points en partant du bas. L'activité de « visualisation mentale » reprend celle de la sq 6 avec dix cartons comportant de 11 à 20 points. Sur ces cartons, la constellation 10 occupe la demi-feuille inférieure comme dans l'exemple ci-contre. On peut traiter les mêmes cas que ceux qui sont proposés par écrit en bas du cadre 2.

Calcul réfléchi de la soustraction : « retirer peu » à n ≤ 20

SÉQUENCE 48

Furet à l'envers avec compteur
Soustractions

1

L'écureuil essaie de calculer 14 − 3 | Dédé calcule 14 − 3

J'ai barré 3 points dans les 10. | *J'ai barré 3 points dans les 4.*

Vérifie et complète :   14 − 3 = ... | 14 − 3 = ...

Qui voit le mieux le résultat ? L'écureuil ou Dédé ?

Calcule comme Dédé. Si tu n'es pas sûr(e), dessine.

12 − 3 = ...   14 − 6 = ...   12 − 2 = ...

2

Tu vas apprendre à calculer des soustractions sans dessiner.
Exemple : 13 − 4

a  *J'ai pris le carton sur lequel je vois 13 points. Imagine ce que je vois.*

b  *J'ai caché 4 points. Imagine ce que je vois... 13 − 4, égale...*

13 − 4 = ...

Imagine ce que voit Dédé. Si tu n'es pas sûr(e), dessine sur ton ardoise.

11 − 3 = ...   15 − 4 = ...   15 − 6 = ...   13 − 3 = ...

3

Que vaut-il mieux, cacher en bas ou en haut ?

13 − 2 = ...	14 − 2 = ...	11 − 2 = ...	15 − 11 = ...
11 − 9 = ...	17 − 9 = ...	13 − 10 = ...	12 − 6 = ...
12 − 10 = ...	12 − 7 = ...	16 − 6 = ...	14 − 5 = ...

Jeu du furet avec compteur à l'envers de 1 en 1 : idem sq 40 mais on commence à 0614, par ex., et on décompte de 1 en 1.
Soustractions : retirer beaucoup à n compris entre 11 et 20. Reprise du scénario de visualisation mentale de la sq 47 (activité 2).

❶ à ❸ Retirer peu à n compris entre 10 et 20 (14 − 3, 13 − 4, etc.). On a intérêt à retirer les points du haut. En 3, les élèves sont amenés à choisir la procédure la plus adaptée. Les 1ers cas sont traités collectivement. On pourra remarquer que les 2 derniers cas (12 − 6 et 14 − 5) se calculent aussi aisément des deux façons.

SÉQUENCE 49

Quadrillages : codage de nœuds et de déplacements

Soustractions

1 Observe le quadrillage ci-dessous. Tu l'utiliseras pour les activités 1 et 2.

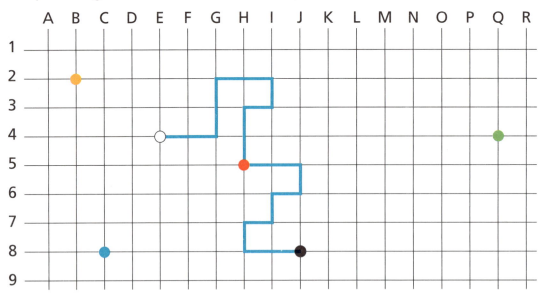

Le code du point rouge est (H, 5).

Quel est le code des points suivants ? ● (......, ...)   ● (......, ...)   ● (......, ...)

2 Sur le quadrillage ci-dessus, deux chemins sont dessinés en partant du point rouge.
L'un des deux correspond au message suivant :

À quel point arrive ce chemin ? .... Quel est le code de ce point ? ....

Avec des flèches, décris l'autre chemin.

À quel point arrive ce chemin ? .... Quel est le code de ce point ? ....

Voici un troisième chemin à partir du point rouge.

Trace-le sur le quadrillage. À l'arrivée, dessine un point marron. *Quel est son code ?* ....

3 Que vaut-il mieux, cacher en bas ou en haut ?

17 − 12 = ...   12 − 4 = ...   11 − 3 = ...   12 − 3 = ...

16 − 4 = ...   11 − 9 = ...   15 − 10 = ...   15 − 5 = ...

Soustractions : *a – b* pour *a* compris entre 10 et 20. On mélange les trois sortes de cas vus en sq 47 et 48. Pour chaque cas, on se demande quels points il vaut mieux cacher, ceux du haut ou ceux du bas. Pour les premiers cas au moins, on met en scène le scénario de visualisation mentale des sq 47 et 48.

❶ et ❷ Coder un nœud par une lettre et un chiffre ; décoder et coder un chemin par des flèches qui représentent un déplacement d'un carreau dans une direction donnée.

Mesure de longueurs : le mètre

SÉQUENCE 50

Soustractions ○ ○ ○ ○ ○ ○ ○ ○

1 Quelle est la longueur en centimètres de la ligne brisée tracée par Mme Centimètre ?

Il y a .... traits de 10 cm et .... cm isolés. Cette ligne brisée mesure .... cm.

- Vérifie en repassant d'une couleur une longueur de 100 cm, puis d'une autre couleur une autre longueur de 100 cm.

1 mètre (1 m), c'est 100 cm (ou 1 centaine de cm).

- Exprime la longueur de la ligne brisée de Mme Centimètre en m et cm : ....
- Complète : *Je mesure .... m et .... cm, c'est aussi .... cm.*
- *Es-tu plus grand(e) ou plus petit(e) que cette ligne brisée ?* ....

2 Barre les mesures impossibles.

Un taille-crayon
3 cm
30 cm
3 m

Une cour de récréation
30 cm
3 m
30 m

3 Que vaut-il mieux, cacher en bas ou en haut ?

12 − 9 = ...   11 − 2 = ...

13 − 5 = ...   15 − 3 = ...

14 − 3 = ...   13 − 7 = ...

14 − 7 = ...   15 − 8 = ...

Soustractions : Idem sq 49.   **1** et **2** Un nouveau contexte pour progresser en numération : 23 traits de 10 cm (ou 23 «groupes de 10 cm»), c'est 230 cm. C'est l'occasion d'introduire le mètre comme «groupe de 100 cm» (ou centaine de cm). Les élèves se donnent aussi une intuition du m en comparant la longueur de la ligne brisée «dépliée», avec leur taille et avec diverses longueurs (porte, tableau, salle de classe, etc.).

SÉQUENCE 51

Calcul de la soustraction : retirer 10 à un nombre quelconque

Additions
Soustractions

1

Tu vas apprendre à calculer 82 – 10.

L'écureuil compte 82 – 10

82 – 10 = ...

Picbille calcule 82 – 10

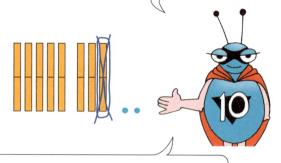

82 – 10 = ...

2

Tu vas apprendre à calculer 307 – 10.

L'écureuil compte 307 – 10

307 – 10 = ...

Picbille calcule 307 – 10

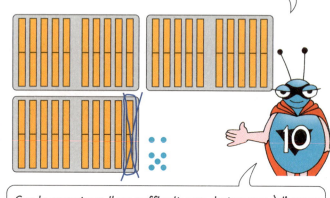

307 – 10 = ...

Calcule.

205 – 10 = ...   394 – 10 = ...   365 – 10 = ...   401 – 10 = ...

108 – 10 = ...   102 – 10 = ...   509 – 10 = ...   200 – 10 = ...

Additions : *Une nouvelle dizaine ou non ?* Idem sq 32.
Soustractions : *a – b* pour *a* compris entre 10 et 20. Idem sq 49.

❶ et ❷ Reculer de 10 à partir de nombres tels que 82, 154, 268, etc. (ou leur retirer 10) n'est guère difficile car on n'agit que sur le chiffre des dizaines. Ce même retrait est plus difficile sur des nombres comme 106, 204, 307, etc. car il faut franchir ou « casser » une centaine.

Lecture de l'heure (1)

SÉQUENCE 52

Furet de 10 en 10 avec compteur
Additions

○ ○ ○ ○ ○ ○ ○ ○

1 L'horloge de Picbille ne possède que la petite aiguille (celle qui indique les heures).
Pour chaque horloge, écris l'heure qu'elle indique et ce que tu fais à ce moment-là les jours de classe.

Il est environ *7 heures*
Je ....

Il est environ *7 heures et demie*
Je ....

Il est environ ....
Je ....

Il est environ ....
Je ....

Il est environ ....
Je ....

Il est environ ....
Je ....

2 À l'aide d'une règle, dessine l'aiguille des heures. *C'est l'après-midi. Il est environ...*

... 1 heure et demie.   ... 2 heures.   ... 4 heures et demie.   ... 5 heures.

J'ai appris : Sur une horloge, la petite aiguille tourne très doucement. Elle met 1 heure pour aller d'un nombre au suivant.

Furet de 10 en 10 avec compteur à l'endroit et à l'envers : Idem sq 40, mais de 10 en 10 et d'abord en « montant », puis en « redescendant ». On le fait autour de 200, et 400 par ex.
Additions : *Une nouvelle dizaine ou non ?* Idem sq 32.

1 et **2** Une horloge qui n'a que l'aiguille des heures donne une heure approchée (l'aiguille des minutes ne fait que préciser l'information donnée par celle des heures). Un matériel pour cette activité se trouve à la fin du fichier. L'idéal est de faire fonctionner en classe, jusqu'à la sq 90, une horloge bon marché dont on a retiré l'aiguille des mn.

SÉQUENCE 53 — Reproduction de figures sur quadrillages

Furet de 10 en 10 avec compteur
Additions

1 Observe ces deux pages.
Comme Géom, tu dois reproduire trois fois le modèle en commençant aux points indiqués.
Couic-Couic, lui, s'est trompé à chaque fois. Commence par chercher ses erreurs.

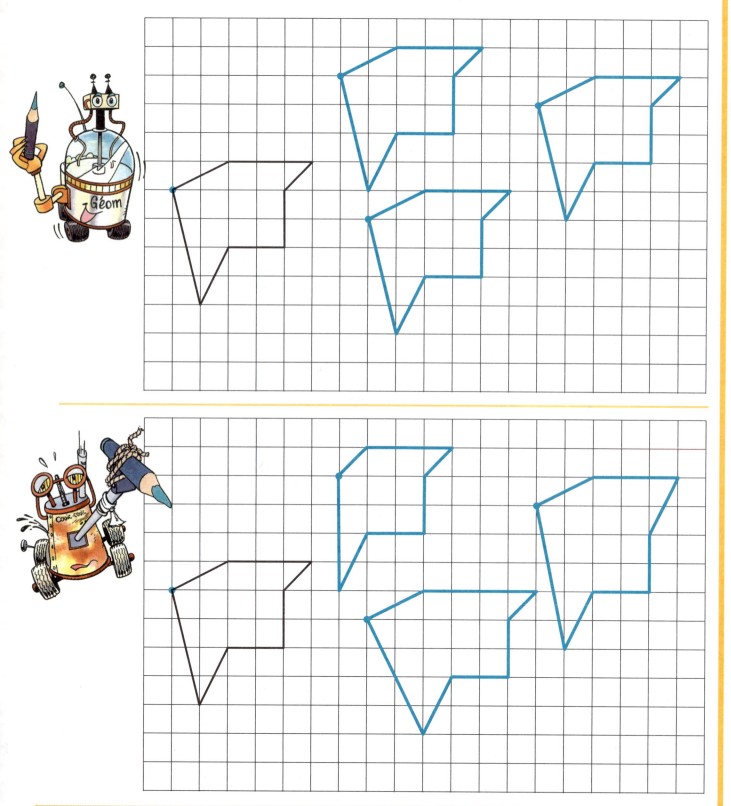

Furet de 10 en 10 avec compteur à l'envers : On décompte à partir de 832, par ex.
Additions : idem sq 32.

1 et **2** Lorsqu'on choisit de tracer chaque figure dans le sens des aiguilles d'une montre à partir du point bleu, on peut analyser les erreurs de Couic-Couic ainsi : pour la 1re figure, le 1er trait (oblique) est trop ▷

② À ton tour de tracer.

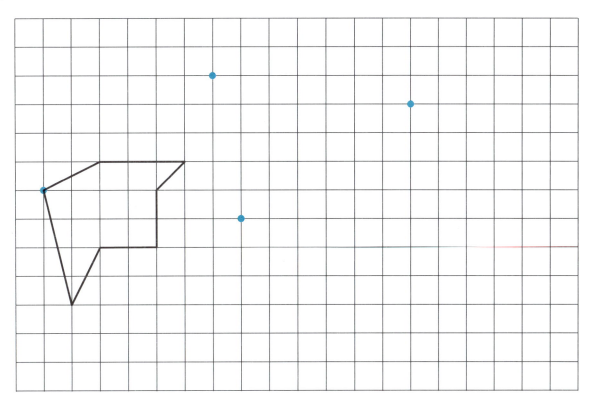

③ Complète.

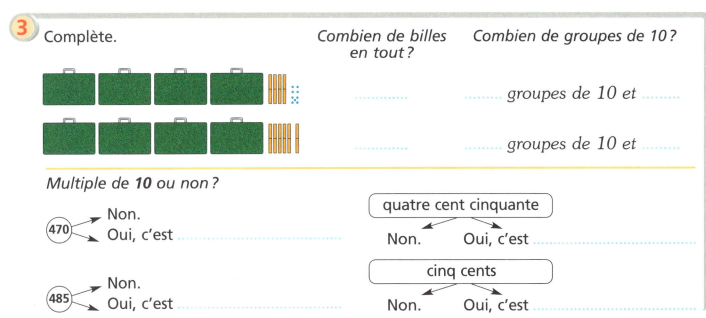

Combien de billes en tout ? Combien de groupes de 10 ?

.... groupes de 10 et ....

.... groupes de 10 et ....

Multiple de 10 ou non ?

470 → Non.
    → Oui, c'est ....

quatre cent cinquante
Non.   Oui, c'est ....

485 → Non.
    → Oui, c'est ....

cinq cents
Non.   Oui, c'est ....

④ À l'aide d'une règle, dessine l'aiguille des heures. *C'est le soir. Il est environ...*

... 7 heures.   ... 7 heures et demie.   ... 8 heures.   ... 9 heures et demie.

▷ court : l'extrémité aurait dû se trouver à 2 carreaux vers la droite et 1 carreau vers le haut, etc. Comme les points de départ des trois figures ne sont pas alignés, les élèves ne peuvent pas se reposer sur une reproduction globale et sont obligés d'analyser ainsi chaque tracé.

SÉQUENCE 54

ARP Atelier de Résolution de Problèmes

Soustractions ◯ ◯ ◯ ◯ ◯ ◯ ◯

1 En colonie de vacances, Mathilde participe à un jeu de piste. On lui donne ce plan.

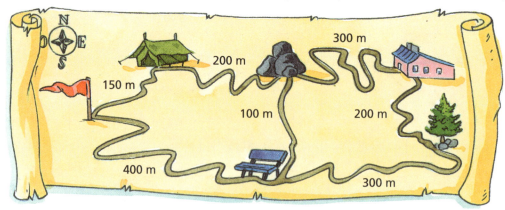

Elle part du drapeau et doit trouver des messages qui lui indiqueront ce qu'elle doit faire.

▶ Au pied du drapeau, un message lui demande d'aller au sapin par le plus court chemin.
Par où doit-elle passer ? ....
....

▶ Au pied du sapin, un message lui indique d'aller au rocher en passant par le banc.
Combien de mètres doit-elle parcourir ? ....

▶ Si, au pied du sapin, un message lui indiquait d'aller au rocher en passant par la maison :
Combien de mètres devrait-elle parcourir ? ....
Quel est le chemin le plus long des deux ? ....
De combien de mètres ? ....

▶ À partir du rocher, elle peut aller dans 5 autres lieux. Range-les du plus proche au plus éloigné : *1) le banc : 100 m. 2)* ....
....

2 Imagine : *M. et Mme Lévy demandent à leur fils Alex, qui a 7 ans, de mettre la table pour toute la famille. Alex a 2 grandes sœurs, qui s'appellent Julie et Charlotte, et 1 petit frère, qui s'appelle Samuel.*

Barre les questions quand on ne peut pas savoir.
Réponds aux autres questions.

1 ▶ *Combien d'enfants ont M. et Mme Lévy ?* ....
2 ▶ *Qui est le plus âgé des enfants ?* ....
3 ▶ *Combien d'assiettes Alex doit-il mettre ?* ....
4 ▶ *À quelle heure la famille aura-t-elle fini de manger ?* ....

Soustractions : a – b pour a compris entre 10 et 20. Idem sq 49.

1 Rechercher dans une image les informations pertinentes pour résoudre des problèmes (portant sur des longueurs exprimées en mètres).

2 Comprendre ce qu'est un énoncé de problème en jugeant si des questions sont pertinentes ou non dans le contexte d'un problème numérique.

Atelier de Résolution de Problèmes ARP

SÉQUENCE 55

Soustractions

① *Problème :* Une fleuriste a 31 roses. Elle veut faire des bouquets de 7 roses.
Que peut-on chercher ? Complète :

On peut chercher combien ....
....

Pour résoudre ce problème, Cécile, Mélanie et Sébastien ont fait un schéma.
Un seul schéma est juste. *Lequel?* Entoure-le.

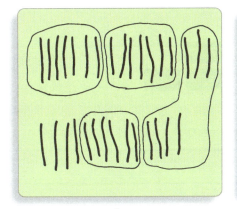   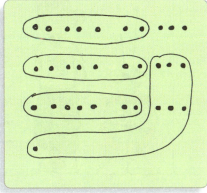   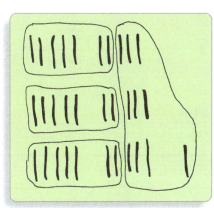

Cécile   Mélanie   Sébastien

Le schéma de .... est faux parce que ....

Le schéma de .... est faux parce que ....

Écris une phrase pour dire quelle est la solution du problème : ....
....

② *Problèmes à résoudre sur le cahier*

Réponds (tu peux faire un schéma, écrire une égalité ou expliquer ta solution).

1 ▶ Chez le libraire, Gaël achète 14 paquets de 10 autocollants.
Combien achète-t-il d'autocollants ?

2 ▶ 3 maîtresses se partagent 20 stylos en parts égales.
Combien de stylos aura chaque maîtresse ?

3 ▶ Au centre de loisirs, il y a 43 enfants. Ils doivent former des équipes de 10.
Combien d'équipes de 10 enfants pourront se former ?

4 ▶ Dans une boîte, il y a 36 bonbons. 10 de ces bonbons sont au chocolat. Les autres sont à la menthe.
Combien y a-t-il de bonbons à la menthe dans cette boîte ?

5 ▶ **Construction géométrique :**
- Trace un trait AB qui mesure 20 cm.
- Sur ce trait AB, dessine un point C à 17 cm du point A.

Sans mesurer, dis combien de cm il y a entre les points C et B.

Vérifie en mesurant.

Soustractions : idem sq 49.

① En début d'activité, dire ce qu'il est possible de chercher est une tâche difficile. Il en est de même, en fin d'activité, de l'explication des erreurs. Ces deux tâches peuvent être traitées collectivement (cf. la présentation des ARP p. 4).

② On apprécie tout aussi positivement l'usage d'un schéma que celui d'une opération arithmétique.

SÉQUENCE 56 — Vers l'addition en colonnes

Numération décimale   ...... c'est ...... groupes de 10.   ...... c'est ...... groupes de 10.

1 Picbille et Dédé calculent 349 + 74 en colonnes. Observe et termine leur calcul sur l'image **d**.

Il faut d'abord dessiner 349 billes en haut et 74 billes en bas en alignant les unités isolées sous les unités isolées, les groupes de dix sous les groupes de dix, etc.

Attention : dans le calcul d'une addition en colonnes, on additionne d'abord les unités isolées ! Neuf plus quatre, treize unités isolées.

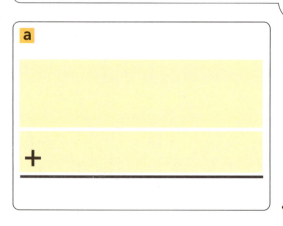

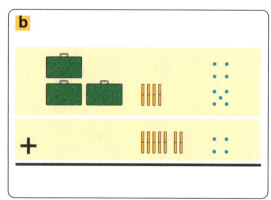

2 Calcule comme Picbille et Dédé (dessine les valises, les boîtes et les billes).

565 + 264 = ...   263 + 77 = ...

467 + 239 = ...   408 + 274 = ...

Numération décimale : Même activité que sq 43. Interrogation sur divers nombres (se terminant par zéro) entre 500 et 800.

1 et **2** Appropriation et mise en œuvre d'un scénario d'ajout avec un matériel de numération. Ce scénario servira de référence pour comprendre la technique écrite de l'addition en colonnes (cf. sq 58), en particulier le phénomène de la retenue : quand la somme des unités isolées est dix ou plus, on peut

...... c'est ...... groupes de 10. | ...... c'est ...... groupes de 10. | ...... c'est ...... groupes de 10.

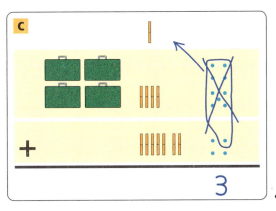

Avec treize unités isolées, on peut former un nouveau groupe de 10 ! On écrit 3 dans la colonne des unités isolées et on forme ce nouveau groupe de 10.

On additionne ensuite les groupes de 10. Quatre et un, cinq et encore sept, douze groupes de 10. On peut former un nouveau groupe de 100 ! On écrit 2 dans la colonne des groupes de 10 et on forme le nouveau groupe de 100.

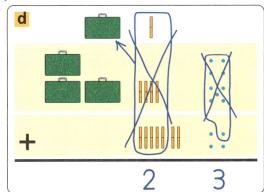

3 **Jeu du nombre Mystérieux**

58 + 7 = ...   60 + 35 = ...   35 + 35 = ...
84 + 14 = ...   34 + 6 = ...   8 + 82 = ...
20 + 40 = ...   29 + 39 = ...   13 + 32 = ...

40   45   48   60   65
68   70   90   95   98

Le nombre mystérieux : ......

4 Reproduis trois fois cette figure à partir des points de couleur.

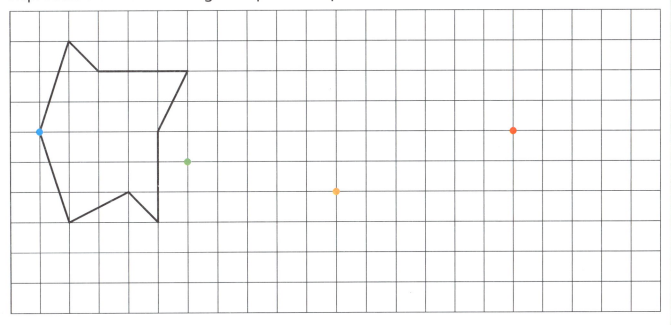

▷ former un nouveau groupe de 10, quand la somme des groupes de 10 est dix ou plus, on peut former un nouveau groupe de 100. Les élèves apprennent à disposer les différents types d'unités en colonnes (les valises peuvent être schématisées par des rectangles, les boîtes par des traits verticaux et les billes par des points). Dès ce moment, le calcul commence par les unités.

SÉQUENCE 57 — Mesure de longueurs : utiliser le double décimètre

Additions

1 Couic-Couic a posé son double décimètre pour mesurer le trait AB. Il s'est trompé. Explique pourquoi.

Pour mesurer le même trait AB, Géom a bien posé son double décimètre.

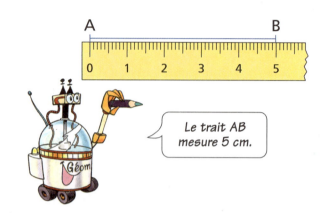

Mesure les traits avec ton double décimètre et finis de compléter le tableau de mesures.

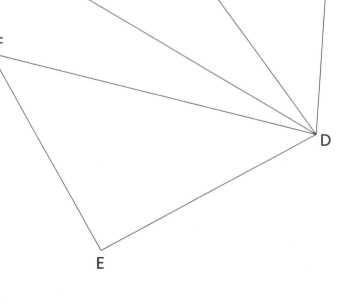

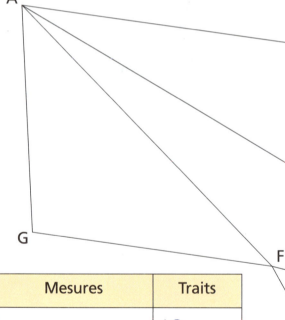

Mesures	Traits
6 cm	AG,
Entre 6 cm et 7 cm	
9 cm	
Entre 9 cm et 10 cm	
10 cm	
18 cm	

Additions : *Une nouvelle dizaine ou non ?* Idem sq 32.

1 et **2** L'usage antérieur de la règle en carton aide à comprendre le double décimètre. En juxtaposant les deux et en mesurant avec la règle en carton le trait tracé sur le fichier, les élèves observent que les « tout petits traits » ne comptent pas, qu'entre deux numéros successifs il y a un cm, qu'entre le « 0 » et le « 5 », il y a 5 longueurs de 1 cm,…

2 Trace ci-dessous un trait horizontal de 8 cm qui commence à 4 carreaux de la marge.
Trace un trait vertical de 3 cm à 2 carreaux de la marge.

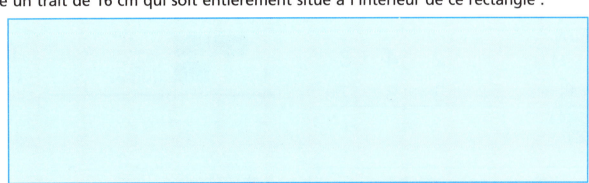

Trace un trait de 16 cm qui soit entièrement situé à l'intérieur de ce rectangle :

3 Calcule comme Picbille et Dédé (dessine les valises, les boîtes et les billes).

265 + 127 = ...

184 + 53 = ...

383 + 287 = ...

247 + 154 = ...

▷ L'erreur de Couic-Couic amène à expliciter le rôle de la graduation « 0 » : c'est une extrémité du premier cm.
En 2, les élèves utilisent le double décimètre pour tracer des traits droits de longueurs données. Ils doivent
s'affranchir du prototype du trait droit (horizontal ou vertical) pour tracer le trait de 16 cm.

SÉQUENCE 58 — L'addition en colonnes

Additions

① *Tu vas apprendre à calculer une addition en colonnes sans dessiner.*
Observe comment Mathilde et Mathieu calculent 245 + 387 en colonnes.

a — Je commence par poser l'addition en colonnes. J'aligne les unités isolées sous les unités isolées, les groupes de 10 sous les groupes de 10, etc.

```
   2 4 5
 + 3 8 7
```

Je comprends pourquoi. Avant, on la posait ainsi :

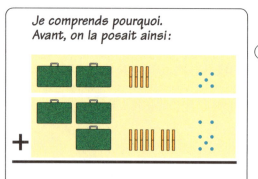

b — Je commence par les unités isolées.
5 plus 7, 12.
Je pose 2 unités et je retiens 1 nouveau groupe de 10.

```
     1
   2 4 5
 + 3 8 7
 ────────
         2
```

Je comprends…

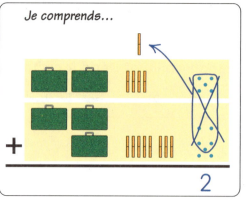

c — Je continue avec les groupes de 10.
4 et 1 de retenue, 5 et encore 8, 13.
Je pose 3 groupes de 10 et je retiens 1 nouveau groupe de 100.

```
   1 1
   2 4 5
 + 3 8 7
 ────────
       3 2
```

Je comprends…

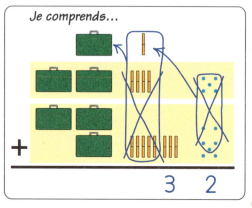

d Continue le calcul sur les centaines.   245 + 387 = ...

Additions : calculs du type 40 + 80 énoncés oralement (idem sq 44).

① Raisonner sur les notations chiffrées dans une addition en colonnes et sur leur commentaire en termes généraux (« unités isolées », « groupes de 10 »,…) en évoquant les transformations correspondantes avec le matériel de numération (cf. sq 56).

② Pose et calcule ces additions.

359 + 164 = ...   608 + 45 = ...   238 + 568 = ...

③ Résous ces problèmes sur ton cahier.

1 ▶ Dans une ville, il y a deux écoles :
- l'école Victor-Hugo a 143 élèves,
- l'école Saint-Exupéry a 176 élèves.

Combien y a-t-il d'élèves dans cette ville ?

2 ▶ Sonia a 209 timbres dans sa collection. Pour Noël, elle a reçu une pochette contenant 95 timbres.

Combien Sonia a-t-elle de timbres maintenant ?

④ Mesure les traits en cm et complète le tableau.

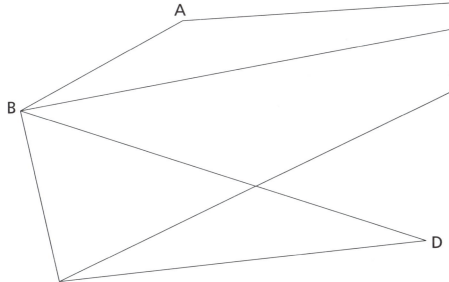

Traits	Mesures en cm
AB	....
....	Entre 4 cm et 5 cm
BD	....
CD	....
....	13 cm
....	Entre 17 cm et 18 cm
CE	....

⑤ Barre les mesures impossibles.

Une gomme   Ton fichier   Un tableau de classe   Une piscine olympique

 6 cm    3 cm   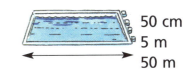 40 cm   50 cm
60 cm   30 m   4 m   5 m
6 m   3 m   40 m   50 m

---

② Poser et calculer une addition. Il est bon de faire verbaliser les calculs comme Mathilde : «...je retiens un nouveau groupe de 10», «...12 groupes de 10, je pose 2 groupes de 10 et je retiens un nouveau groupe de 100», etc.

③ Utiliser l'addition en colonnes pour calculer la solution d'un problème.

SÉQUENCE 59 — Calcul réfléchi de la soustraction : calcul par compléments successi[fs]

| Numération décimale | ...... c'est ...... groupes de 10. | ...... c'est ...... groupes de 10. |

1

Tu vas apprendre

L'écureuil compte 61 − 54 en « reculant »

Picbille et Mathilde calculent 61 − 54 en

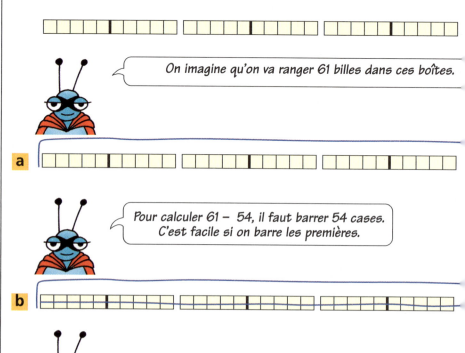

2 Calcule ces soustractions comme ci-dessus (utilise la « file de boîtes » pour chaque calcul).

71 − 68 = ...

63 − 46 = ...

100 − 87 = ...

Calcule en imaginant les billes dans la file ci-dessous.
Si tu n'es pas sûr(e), utilise le carton avec des files qui se trouve à la fin de ton fichier.

Numération décimale : idem sq 43 avec des nombres (se terminant par zéro) entre 500 et 800.

1 et **2** Pour calculer a − b, la procédure la plus spontanée consiste à décompter de 1 en 1 de b unités à partir de a. C'est celle qu'essaie l'écureuil. Mais si b est grand, cette procédure est longue et difficilement contrôlable. L'usage d'un alignement de modules de 10 cases, comparable à une enfilade de boîtes de Picbille, permet de se libérer

ou « en avançant » (cas où l'on « retire beaucoup »)

| ...... c'est ...... groupes de 10. | ...... c'est ...... groupes de 10. | ...... c'est ...... groupes de 10. |

à calculer 61 – 54

utilisant une « file de boîtes » et en « avançant »

On note d'abord jusqu'où les cases seront remplies.

61, c'est 6 groupes de dix et 1. Ça va jusque là :

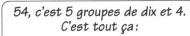

54, c'est 5 groupes de dix et 4. C'est tout ça :

Je calcule en avançant.
De 54, il faut 6 pour aller à 60 et encore 1 pour aller à 61.

61 – 54 = ...

43 – 38 = ...   87 – 73 = ...   75 – 69 = ...   60 – 45 = ...   100 – 72 = ...

▷ de ce décomptage 1 à 1. Il y a alors deux possibilités : barrer les dernières cases ou barrer les premières. Quand on retire presque tout, on a plutôt intérêt à barrer les premières cases et à calculer par compléments successifs ou « en avançant ». Pour que les élèves en prennent conscience, on peut leur demander d'utiliser le carton de la fin du fichier pour comparer ces deux façons de barrer les cases.

SÉQUENCE 60 — L'addition en colonnes : sommer plus de deux nombres

Additions

1 Madame Centimètre a tracé trois lignes brisées sur trois feuilles différentes. Elle les a juxtaposées pour en former une grande.

Quelle est la longueur en cm de chacune de ces trois lignes brisées ?

Ligne n° 1 : ....   Ligne n° 2 : ....   Ligne n° 3 : ....

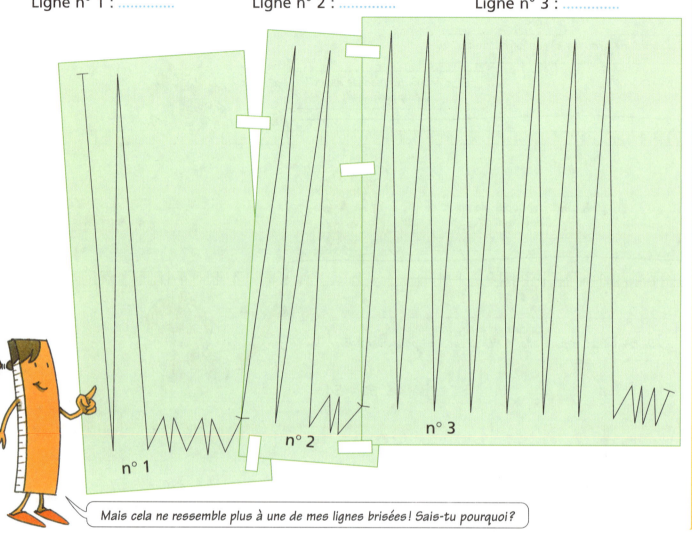

Mais cela ne ressemble plus à une de mes lignes brisées ! Sais-tu pourquoi ?

4 Calcule ces soustractions en utilisant la « file de boîtes » pour chaque calcul.

52 − 36 = ...

92 − 85 = ...

Calcule en imaginant les billes dans la file ci-dessous. Si tu n'es pas sûr(e), utilise le carton avec de

---

Additions : calculs du type 40 + 80 énoncés oralement (idem sq 44).

1 à **3** Calculer une addition en colonnes quand on ajoute plus de deux nombres (dans ce cas, les retenues peuvent être supérieures à 1). Mme Centimètre, qui a mis bout à bout 3 lignes brisées, ne reconnaît plus l'organisation habituelle d'une de ses lignes brisées. Pour regrouper à la fin les cm isolés, elle a posé une addition en colonnes. C'est l'occasion

2 Pour pouvoir tracer une ligne brisée de la même longueur, Madame Centimètre a posé une addition en colonnes. Termine son travail.

Combien de traits de 10 cm Madame Centimètre devra-t-elle tracer ?

Exprime la longueur de cette ligne brisée en m, en traits de 10 cm et en cm isolés.

3 Pose et calcule ces additions.

285 + 74 + 371 = ...

76 + 408 + 316 = ...

58 + 357 + 79 + 408 = ...

389 + 197 + 248 = ...

89 + 453 + 59 = ...

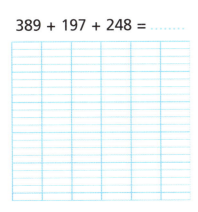
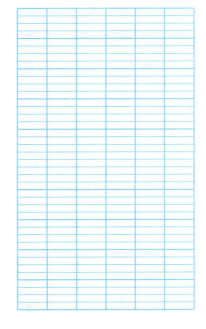

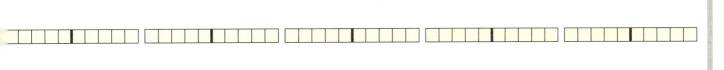

files.   80 − 69 = ...   100 − 66 = ...   76 − 68 = ...   65 − 57 = ...

▷ de réfléchir à la technique en la reliant à un autre contexte de numération : les unités isolées correspondent à des cm, les groupes de 10 à des traits de 10 cm, les groupes de 100 à des mètres. Il est bon de faire verbaliser les calculs de l'activité 2 des deux façons : dans le langage de Mme Centimètre (« cm isolés », « traits de 10 cm », « m ») et dans celui de la numération décimale (« unités isolées », « groupes de 10 », etc.).

SÉQUENCE 61

ARP Atelier de Résolution de Problèmes

Soustractions ◯ ◯ ◯ ◯ ◯ ◯ ◯

1 Observe cette page de catalogue.

▶ Mme Leroy a acheté 2 objets et a dépensé 100 € exactement. *Quels sont ces objets ?*

....

Écris l'égalité correspondante : ....

▶ Mme Tang a acheté 3 objets et a dépensé 100 € exactement. *Quels sont ces objets ?*

....

Écris l'égalité correspondante : ....

▶ M. Durand a acheté 4 objets et a dépensé 100 € exactement. *Quels sont ces objets ?*

....

Écris l'égalité correspondante : ....

2 Imagine : *Sonia achète 2 paquets de 6 images. Elle y trouve 3 images qu'elle a déjà dans son album et elle les donne à son petit frère. Sonia colle les autres images dans son album.*

Barre les questions quand on ne peut pas savoir.
Réponds aux autres questions.

1 ▶ *Combien coûtent les deux paquets d'images ?* ....

2 ▶ *Combien d'images Sonia a-t-elle achetées en tout ?* ....

3 ▶ *Combien de nouvelles images Sonia a-t-elle collées dans son album ?* ....

4 ▶ *Combien d'images a-t-elle en tout dans son album ?* ....

Soustractions : calculs « en avançant » du type 36 − 34 ou 32 − 28 dont le résultat *r* est < 10. On pourra également proposer des cas simples où le résultat *r* est compris entre 10 et 20 (par ex. : 35 − 20, 41 − 25...) Les élèves peuvent utiliser le carton avec les files de boîtes.

1 Rechercher des informations pour résoudre des problèmes : diverses décompositions de 100.

2 Comprendre ce qu'est un énoncé de problème en jugeant si des questions sont pertinentes ou non dans le contexte d'un problème numérique.

Atelier de Résolution de Problèmes ARP

SÉQUENCE 62

Soustractions ◯ ◯ ◯ ◯ ◯ ◯ ◯ ◯

① Voici un exercice de logique :

Entoure la carte sur laquelle :
- il y a deux cœurs (♥) ;
- il y a un carreau (♦) en bas à gauche ;
- il n'y a pas de trèfle (♣).

Sébastien, Mélanie et Cécile ont fait cet exercice.
Un seul enfant a bien répondu. Lequel ?

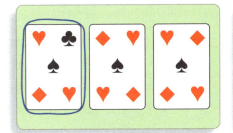 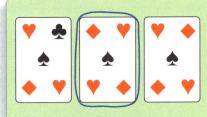 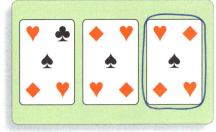

Sébastien   Mélanie   Cécile

La réponse juste est celle de ....

La réponse de .... est fausse, car, dans la carte qui a été entourée,

....

La réponse de .... est fausse, car, dans la carte qui a été entourée,

....

② *Problèmes à résoudre sur le cahier*

Réponds (tu peux faire un schéma, écrire une égalité ou expliquer ta solution).

1 ▶ Dans un restaurant, il y a 4 tables.
Il y a 6 chaises autour de chaque table.

Combien de personnes peuvent s'asseoir dans ce restaurant ?

2 ▶ Samuel part à l'école avec 14 billes.
Dans la journée, il gagne des billes.
Le soir, il compte ses billes : il en a 21.

Combien de billes a-t-il gagnées dans la journée ?

3 ▶ On partage équitablement 20 dragées entre 4 enfants.

Combien de dragées chaque enfant reçoit-il ?

4 ▶ Mme Charlet a 16 €.
Chez le boucher, un roti coûte 20 €.

Combien d'euros manque-il à Mme Charlet pour acheter ce rôti ?

Soustractions : calculs « en avançant ». Idem sq 61.

① Comparer 3 solutions d'un problème dit « de logique ». La troisième consigne est plus difficile car elle conduit à traiter une information négative. L'explication des 2 erreurs peut être traitée collectivement.

② On apprécie tout aussi positivement l'usage d'un schéma que celui d'une opération arithmétique.

SÉQUENCE 63

Calcul réfléchi de la soustraction : calcul par retraits successifs o

Numération décimale   .... c'est .... groupes de 10.   .... c'est .... groupes de 10.

1

Tu vas apprendre

L'écureuil essaie de calculer 62 − 4

« J'imagine que je mets 62 billes dans les boîtes et je note jusqu'où les cases seront remplies. »

a

« Je barre les 4 premières cases. » ○ « Il reste 6 cases dans la première boîte, puis 5 boîtes pleines et encore 2 cases. »

b

Picbille calcule 62 − 4

« Il y a plus facile ! On commence de la même manière, mais... »

a

« ... on barre les 4 dernières cases... » ○ « ...et on calcule en « reculant » : 62 moins 2, ça fait 60. Et encore moins 2... »

b

2 Calcule ces soustractions comme Picbille (utilise la file de boîtes pour chaque calcul).

82 − 6 = ...

71 − 4 = ...

3 *Que vaut-il mieux, barrer les premières cases ou les dernières ?*
Calcule en imaginant les billes dans la file ci-dessous.
Si tu n'es pas sûr(e), utilise le carton avec des files.

Numération décimale : idem sq 43 avec des nombres (se terminant par zéro) entre 700 et 990.

① à ③ Pour calculer *a − b*, quand *b* est très petit, le calcul par compléments successifs n'est guère adapté. C'est pour cette procédure qu'essaie l'écureuil. En fait, il vaut mieux barrer les dernières cases et calculer par retraits successifs (ou « en reculant ») : de 62, on retire 2, ce qui fait 60 et encore 2, ce qui fait 58. Les élèves peuvent utiliser leur

88

«en reculant» (cas où l'on «retire peu»)

.... c'est .... groupes de 10.   .... c'est .... groupes de 10.   .... c'est .... groupes de 10.

à calculer 62 – 4.

en utilisant une «file de boîtes» et «en avançant»

Ce n'est pas simple…

«en reculant»

En tout, 58 cases ne sont pas barrées.

62 – 4 = ...

74 – 6 = ...   63 – 58 = ...   96 – 9 = ...   100 – 83 = ...
51 – 43 = ...   81 – 9 = ...   100 – 15 = ...   103 – 7 = ...

▷ carton avec les files de boîtes pour comparer ces 2 façons de calculer. Dans l'activité 2, les élèves savent d'avance que les soustractions se calculent «en reculant». L'enjeu de l'activité 3 est de choisir la procédure adaptée. Les premiers exemples peuvent être traités collectivement (avec le carton contenant les files de boîtes), pour comparer les deux façons de barrer les cases : vaut-il mieux barrer les premières ou les dernières ?

89

SÉQUENCE 64

La symétrie (1): compléter une figure par symétrie

Soustractions ○ ○ ○ ○ ○ ○ ○ ○

1 Mathieu a dessiné la partie gauche de cette figure et Mathilde a dessiné la partie droite.
L'encre n'est pas sèche et ils vont plier suivant le trait rouge.
Dessine la figure qu'ils vont obtenir.

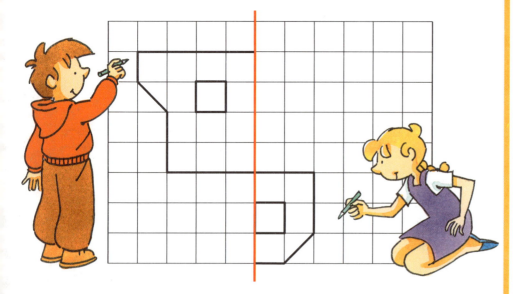

Imagine que l'encre ne soit pas sèche et qu'on plie suivant le trait rouge…

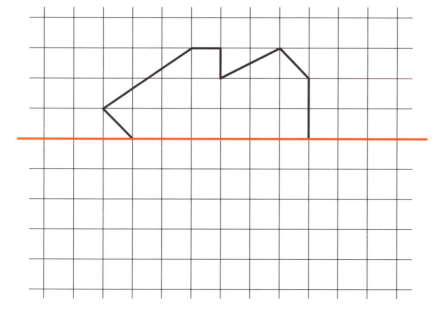

2 Pose et calcule ces additions.

68 + 759 + 74 = ...

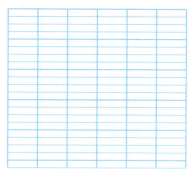

209 + 93 + 518 = ...

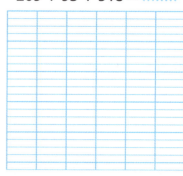

56 + 148 + 49 + 463 = ...

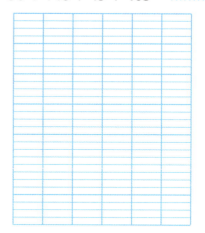

3 Que vaut-il mieux, barrer les premières cases ou les dernières ?
Calcule en imaginant les billes dans la file ci-dessous.
Si tu n'es pas sûr(e), utilise le carton avec des files.

Soustractions : *Que vaut-il mieux barrer… ?* (Cf. activité 3 sq 63). Les élèves sont invités à choisir la procédure la plus adaptée («en avançant» ou «en reculant»?). Ils peuvent utiliser le carton avec les files de boîtes.

❶ Évoquer le phénomène d'impression par pliage pour terminer, par symétrie, un tracé déjà commencé. Dans le premier cas, on peut faire anticiper qu'on obtiendra une figure ressemblant à un masque.

La symétrie (2) : trouver un axe de symétrie

SÉQUENCE 65

Soustractions

1 Mathilde et Mathieu ont-ils tracé ces figures comme ils le faisaient page 90 ?

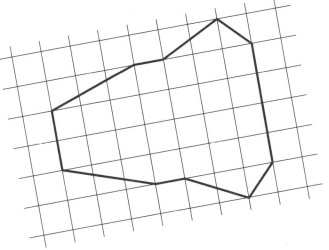 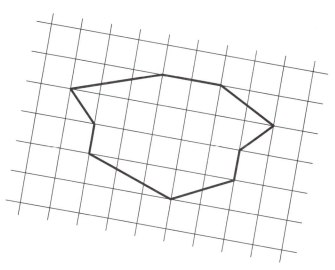

Pour répondre :

a Décalque la figure de gauche (maintiens le calque avec des trombones).

b Est-il possible, en pliant le calque, de faire que les 2 parties de la figure se superposent exactement ? La ligne de pliage s'appelle alors **un axe de symétrie de la figure**.
Trace cet axe de symétrie sur la figure du fichier avec un crayon de couleur.

c Décalque la figure de droite. *A-t-elle un axe de symétrie ?*

2 Pour chaque figure ci-dessous, cherche s'il existe un axe de symétrie.
Quand c'est le cas, trace-le avec un crayon de couleur.

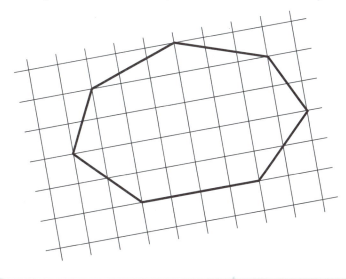 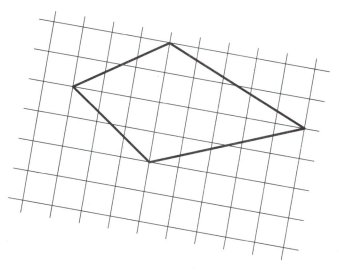

65 – 8 = ...   90 – 78 = ...   74 – 67 = ...   105 – 8 = ...

84 – 6 = ...   102 – 89 = ...   72 – 7 = ...   106 – 12 = ...

Soustractions : *Que vaut-il mieux barrer… ?* Idem sq 64.

1 et **2** Chercher un axe de symétrie. Dans le cas où une figure paraît construite par symétrie autour d'un axe mais ne l'est pas, c'est l'évocation du phénomène d'impression par pliage qui permet le mieux de surmonter les illusions de l'apparence globale. D'où l'utilisation d'un calque dans l'activité 1 qui conduit à expliciter les deux sortes de cas.

SÉQUENCE 66

Les masses (1) : le gramme

Dictée ○ ○ ○ ○ ○ ○ ○ ○

1

1 gramme (1 g), c'est lourd comme…

… 1 trombone

Pour équilibrer les plateaux de cette balance, il faut 7 trombones de 1 g.

Ce stylo-feutre pèse 7 g.

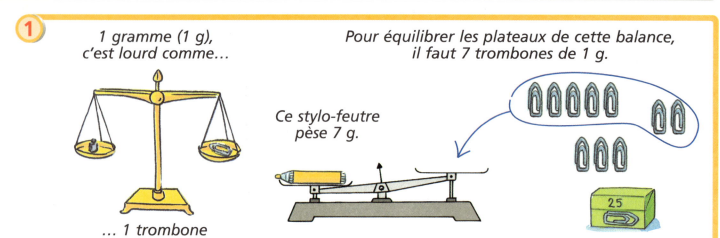

Entoure ce qui permet d'équilibrer les plateaux des balances.

Cette gomme pèse 32 g.

Le cahier à spirales pèse 121 g ; la gomme pèse 32 g.

Chaque gomme pèse 32 g.

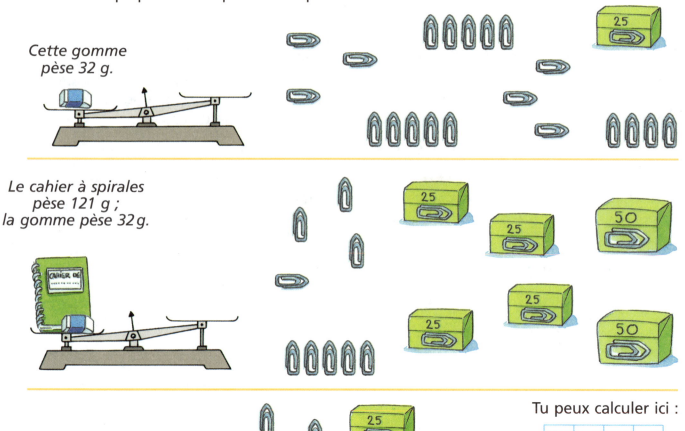

Tu peux calculer ici :

Dictée de nombres jusqu'à 999. On insiste sur les nombres comportant un zéro intermédiaire.

❶ et ❷ À l'aide du trébuchet et de la balance Roberval, approche intuitive du gramme via l'équivalence avec la masse d'un trombone de 1 gramme. L'utilisation d'une balance et de ▷

② Imagine les pesées et barre les masses impossibles.

Une pomme

2 g
20 g
200 g

Une clémentine

7 g
70 g
700 g

Un crayon
6 g
60 g
600 g

Ton fichier

5 g
50 g
500 g

③ Cherche s'il existe un axe de symétrie. Quand c'est le cas, trace-le avec un crayon de couleur.

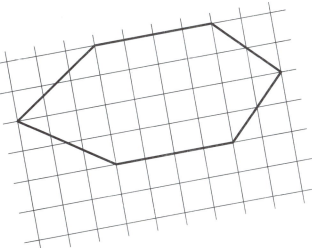
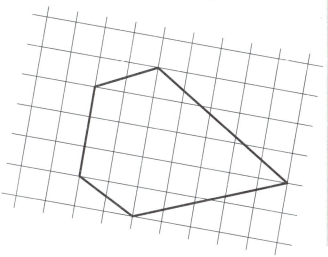

④ Mesure les traits en cm et complète le tableau.

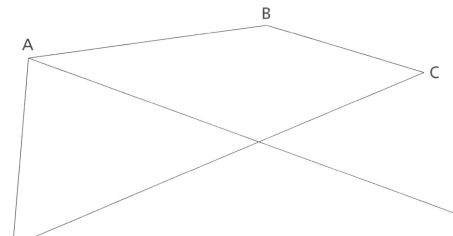

Traits	Mesures en cm
AB	....
....	16 cm
AE	....
CE	....
....	entre 4 cm et 5 cm
....	entre 15 cm et 16 cm

⑤ **Jeu du nombre Mystérieux**

80   85   95   100   125

60 + 35 = ...   95 + 70 = ...   60 + 75 = ...   135   150   165   175   180

4 + 121 = ...   66 + 14 = ...   40 + 60 = ...

90 + 90 = ...   142 + 8 = ...   69 + 16 = ...   Le nombre mystérieux :

▷ trombones aide les élèves à saisir ce qu'est la masse d'un trombone (et donc celle d'un gramme). On établira l'équivalence des diverses expressions : « *la gomme pèse 32 grammes* », « *elle est lourde comme 32 grammes* » et « *elle est lourde comme 32 trombones de 1 gramme* ».

SÉQUENCE 67

Ordonner les nombres

Furet de 10 en 10 avec compteur
Soustractions

1 Voici la hauteur de divers monuments :

Monuments	Pays	Hauteur
a) Tour penchée de Pise	Italie	57 m
b) Tour Eiffel	France	319 m
c) Empire State Building	États-Unis	449 m
d) Pyramide de Chéops	Égypte	137 m
e) Arc de Triomphe	France	49 m
f) Tour de Londres	Angleterre	104 m

On a commencé à les ordonner du moins haut au plus haut. Continue.

e, ...

2 Range ces nombres du plus petit au plus grand.

| 591 | 915 | 195 | 951 | 159 | 519 |

Les 3 nombres ci-dessous ont été rangés du plus petit au plus grand mais il reste des cases vides :

| | | 218 | | | 403 | | 720 | |

Continue à remplir les cases en plaçant les nombres : 371, 713, 173, 731, 137 et 317.

3 Jeu du nombre Mystérieux

7   13   28   31   48

28 + 50 = ...   12 + 16 = ...   46 + 12 = ...

8 + 49 = ...   40 + 58 = ...   53 + 47 = ...

57   58   68   76

92 – 6 = ...   63 – 50 = ...   81 – 74 = ...

75 – 7 = ...   100 – 69 = ...   84 – 8 = ...

78   86   98   100

Le nombre mystérieux : ......

Furet de 10 en 10 avec compteur : idem sq 52 avec des nombres jusqu'à 999.
Soustractions : *que vaut-il mieux barrer… ?* Idem sq 64.

❶ et ❷ Pour ranger des nombres par ordre croissant, la méthode la plus fiable consiste à chercher le plus petit nombre, puis le plus petit de ceux qui restent, etc. Dans l'activité 2, cette méthode reste valable, mais la présence de nombres déjà rangés peut laisser croire que les nombres peuvent être rangés dans l'ordre où ils sont proposés. Or 371, par ex., ne peut être placé avant que 317 l'ait été.

SÉQUENCE 68

Dictée ○ ○ ○ ○ ○ ○ ○

Bilan terminal de la deuxième période

1 Calcule.

74 + 6 = ……	120 + 45 = ……	13 − 4 = ……	204 − 10 = ……
7 + 68 = ……	38 + 12 = ……	14 − 8 = ……	36 − 8 = ……
56 + 13 = ……	24 + 17 = ……	11 − 7 = ……	43 − 37 = ……
60 + 37 = ……	90 + 60 = ……	85 − 10 = ……	60 − 45 = ……

Pose et calcule.

53 + 847 = ……

643 + 96 = ……

79 + 94 + 548 = ……

2 Complète.

Combien de billes en tout ?   Combien de groupes de 10 ?

………   …… groupes de 10 et …… .

………   …… groupes de 10 et …… .

3 Multiple de 10 ou non ?

 Non.
Oui, c'est ………………………

 Non.
Oui, c'est ………………………

 Non.
Oui, c'est ………………………

 Non.
Oui, c'est ………………………

4 *Problèmes à résoudre sur le cahier*

Réponds (tu peux faire un schéma, écrire une égalité ou expliquer ta solution).

1 ▶ Claire achète 6 paquets de 5 bonbons.
Combien de bonbons achète-t-elle ?

2 ▶ M. Léger a 62 €.
Il veut acheter un grille-pain à 29 € et une cafetière à 34 €.
A-t-il assez d'argent ?

3 ▶ Une directrice d'école commande 14 boîtes de 10 stylos.
Combien de stylos commande-t-elle ?

4 ▶ Dans une piscine, il y a 26 enfants. 19 de ces enfants sont des filles.
Combien y a-t-il de garçons ?

Dictée de nombres : idem sq 66.
Bilan : on trouve un bilan analogue avec d'autres données numériques dans le Livre du maître.

SÉQUENCE 69

ARP Atelier de Résolution de Problèmes

Dictée ○ ○ ○ ○ ○ ○ ○ ○

① Pour aller de France en Grande-Bretagne, on peut traverser la Manche avec sa voiture en montant sur un bateau qu'on appelle un *ferry-boat*.

Ci-dessous, des voitures attendent sur le quai avant d'entrer dans le *ferry-boat*…

…les voitures vont monter sur le bateau 3 par 3.
Il y a 50 rangées de 3 voitures qui attendent sur le quai.
Combien y a-t-il de voitures sur le quai ?

....
....

② Écris une ou plusieurs questions pour ce problème.
Réponds à ces questions (tu peux calculer ou faire des schémas sur ton cahier).

*Mme Chadli achète 2 paquets de 4 yaourts.
Chaque pot de yaourt pèse 100 g.*

Question(s) : ....
....
....

Réponse(s) : ....
....
....

Dictée : idem sq 66.

① La quantité est décrite comme 50 rangées de 3 voitures, ce qui conduit à calculer 3 + 3 + 3 + … (50 fois) : 3 et 3, 6… et 3, 9… et 3… 12, etc. C'est presque impossible. La solution consiste à évoquer les 3 files de voitures : il y en a 50 en haut, 50 au milieu et 50 en bas. La quantité est ainsi réorganisée et on accède au résultat sous la forme 3 fois 50.

② 1re rencontre avec cette activité : l'énoncé rend possibles plusieurs questions. Les trouver est une tâche difficile qu'on peut traiter collectivement après une recherche individuelle.

Atelier de Résolution de Problèmes ARP

SÉQUENCE 70

Dictée ○ ○ ○ ○ ○ ○ ○ ○

① *Problème :* Madame et Monsieur Terna achètent 4 fauteuils à 132 € l'un. Combien dépensent-ils ?

Voici les solutions de Sébastien, Mélanie et Cécile.

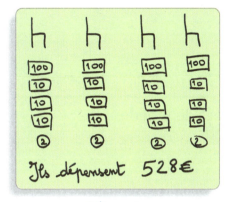

Sébastien   Mélanie   Cécile

Entoure la ou les bonne solutions.

Pourquoi la ou les autres ne conviennent-elles pas ?

② ## *Problèmes à résoudre sur le cahier*

Réponds (tu peux faire un schéma, écrire une égalité ou expliquer ta solution).

1 ▶ Dans un centre de vacances, il y a 16 groupes de 10 enfants.

 Combien d'enfants y a-t-il ?

2 ▶ Salima a un album-photos tout neuf. Il y a 42 places pour coller des photos. Elle colle 4 photos dans son album.

 Combien de photos peut-elle coller encore dans cet album ?

3 ▶ Kevin achète un livre à 6 € et un compas à 7 €. Il paie avec un billet de 10 € et un billet de 5 €.

 Combien d'argent le libraire doit-il lui rendre ?

4 ▶ Un pâtissier a fabriqué 63 brioches. Pour les vendre, il les met en paquets de 10 brioches.

 Combien de paquets de 10 brioches peut-il remplir ?

5 ▶ Charline va poser ces 3 mini-pots de confiture sur la balance.

 Quel poids affichera la balance ?

Dictée de nombres : idem sq 66.
① Comparer 3 solutions d'un problème (apparaissent maintenant des écritures arithmétiques et des phrases solutions). L'explication des erreurs est une tâche difficile. Elle peut être conduite collectivement.
② On apprécie tout aussi positivement l'usage d'un schéma que celui d'une opération arithmétique.

SÉQUENCE 71

Troisième période

La multiplication (1) : le signe x (« multiplié par »)

Arithmétique :	la multiplication, la différence, double d'un nombre < 100.
Géométrie :	le cercle (usage du compas), les solides (les cylindres), les angles (angles quelconques et angle droit).
Mesure :	lecture de l'heure (les minutes), monnaie (les centimes).

① Dessine 6 groupes de 3 perles.   Dessine 3 groupes de 6 perles.

Ici, en tout, j'ai dessiné .... perles.   *Ici, en tout, j'ai dessiné .... perles.*

Dessine 6 rangées de 3 perles.   Dessine 3 rangées de 6 perles.

Ici, en tout, j'ai dessiné .... perles.   *Ici, en tout, j'ai dessiné .... perles.*

Que remarques-tu ? ....

Explique pourquoi.

J'ai appris : Dans 6 groupes de 3, il y a le même nombre que dans 3 groupes de 6. On le voit bien quand on met ces groupes en rangées.
Ce nombre s'écrit **6 x 3** (« 6 multiplié par 3 »)
ou **3 x 6** (« 3 multiplié par 6 »).

② Complète.

Ici, il y a ...... groupes de ...... craies.   *Ici, il y a ...... groupes de ...... verres.*
Ce nombre s'écrit ...... x ...... ou ...... x ....   *Ce nombre s'écrit ...... x ...... ou ...... x ....*

Ici, il y a ...... groupes de ...... bonbons.   *Ici, il y a ...... groupes de ...... citrons.*
Ce nombre s'écrit ...... x ...... ou ...... x ....   *Ce nombre s'écrit ...... x ...... ou ...... x ....*

Doubles : l'enseignant propose un nombre 10 ≤ n ≤ 17, les élèves calculent n + n. On explicite le fait que lorsqu'on connaît 15 + 15 = 30, alors 16 + 16 et 17 + 17 sont faciles. Interrogation d'abord sur ardoise, puis sur fichier.

① et **②** Introduction du signe x. Les élèves constatent d'abord que a groupes de b objets et b groupes de a objets conduisent à un même nombre qui est également le nombre correspondant à a rangées de b objets et b rangées de a objets. La manipulation d'objets déplaçables aide à en prendre conscience : les objets groupés

Doubles

3) Écris le nombre d'objets avec le signe **+** ou avec le signe **x**.

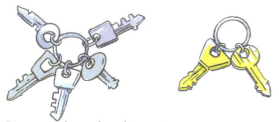

Le nombre de clés est ....

Le nombre de clés est ....

Le nombre de bouteilles est ....

Le nombre de bouteilles est ....

4) Entoure le nombre de points indiqué.

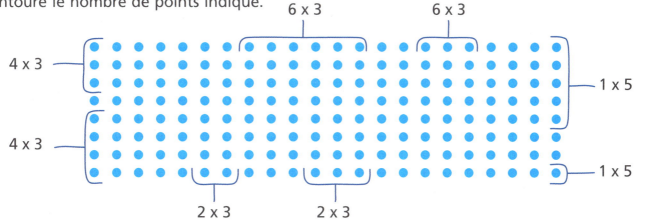

5) **Jeu du nombre Mystérieux**

53 + 44 = ...
56 + 10 + 21 = ...
109 + 36 + 59 = ...
63 + 37 = ...
34 + 183 + 90 = ...
57 + 37 + 205 = ...

72 − 68 = ...
304 − 10 = ...
103 − 9 = ...
87 − 70 = ...
92 − 8 = ...
207 − 10 = ...

4   17   84
87   94   97   100
194   197   204
294   299
307

Si tu as besoin, calcule sur ton cahier.

Le nombre mystérieux : ....

▷ peuvent en effet être alignés pour former des rangées. Le signe x, qui se dit *«multiplié par»,* symbolise le fait que la formation de *a* groupes de *b* et celle de *b* groupes de *a* conduisent au même nombre. On n'utilise pas ici le mot *fois* qui sera utilisé sq. 72 pour décrire les deux façons de calculer un produit.

3) Distinguer les signes + et x.

4) Interpréter des écritures multiplicatives : lorsqu'on a commencé à entourer 3 points, 4 x 3 se comprend comme 4 groupes de 3 (ici, 4 colonnes de 3 points).

SÉQUENCE 72 — **La multiplication (2) : *a* x *b*, c'est *a* fois *b* ou *b* fois *a***

Doubles

① *Mathilde et Mathieu ont une boîte qui peut contenir 3 x 5 chocolats.*
Mathilde la remplit colonne par colonne et Mathieu ligne par ligne.
Termine leur travail et complète les égalités.

Mathilde   Mathieu

3 x 5 = 3 + 3 + ……   3 x 5 = 5 + ……

Il y a …… chocolats.   Il y a …… chocolats.

Quel est le calcul le plus facile ? ………………………

② Imagine les deux façons de remplir la boîte et écris-les sous forme d'additions.

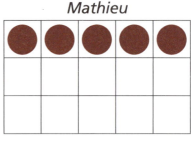

10 x 4 = ………………………   2 x 7 = ………………………
10 x 4 = ………………………   2 x 7 = ………………………

Cette boîte peut contenir …… chocolats. | Cette boîte peut contenir …… chocolats.

Imagine les boîtes.

9 x 2 = ………………………   4 x 5 = ………………………
9 x 2 = ………………………   4 x 5 = ………………………

Cette boîte peut contenir …… chocolats. | Cette boîte peut contenir …… chocolats.

J'ai appris: **9 x 2** se lit : « 9 multiplié par 2 ».
Mais on peut le calculer comme **9 groupes de 2** (ou **9 fois 2**)
ou comme **2 groupes de 9** (ou **2 fois 9**).
Souvent, une façon de calculer est plus facile que l'autre.

③ Imagine les deux façons de calculer et choisis la plus facile.

10 x 6 = ……   5 x 10 = ……   8 x 2 = ……   1 x 9 = ……   50 x 2 = ……
2 x 6 = ……   4 x 0 = ……   5 x 3 = ……   8 x 10 = ……   4 x 100 = ……

Doubles : idem sq 71 mais avec 10 ≤ n ≤ 20.

① à **③** Quand on utilise le mot *multiplié*, *a* x *b* se lit toujours de gauche à droite : « *a* multiplié par *b* ». En revanche, on calcule tantôt « de gauche à droite », tantôt l'inverse. Pour 2 x 7, il est plus facile de calculer 2 groupes de 7 (de gauche à droite) que 7 groupes de 2. Mais pour 10 x 4, il est plus facile de calculer 4 groupes de 10 (de droite à gauche) que 10 groupes de 4. Pour décrire le mode de calcul, on dit tantôt « *a* groupes de *b* » (ce qui fait le lien avec les connaissances en numération quand *b* = 10), tantôt « *a* fois *b* ».

Le cercle (usage du compas)

SÉQUENCE 73

Doubles
Soustractions
◯ ◯ ◯ ◯ ◯ ◯ ◯ ◯

1
Prends ton double décimètre et réponds.

Le point A est à .... cm du point O.
Le point B est à .... cm du point O.
Le point C est à .... cm du point O.
Le point D est à .... cm du point O.
Le point E est à .... cm du point O.

Dessine dix autres points à 3 cm du point O.
Que remarques-tu ? ....
....

Prends ton compas et joins ces points.

2
Reproduis la construction représentée ci-dessous en réduction.

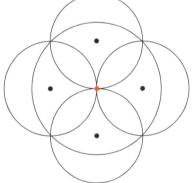

3
Imagine les deux façons de calculer et choisis la plus facile.

8 x 2 = ...   27 x 0 = ...   2 x 330 = ...   9 x 10 = ...   6 x 50 = ...
7 x 10 = ...   10 x 3 = ...   14 x 2 = ...   1 x 13 = ...   100 x 7 = ...

Doubles : idem sq 71.
Soustractions : idem sq 64.

❶ à ❷ Apprendre à utiliser le compas. On commence par prendre conscience qu'en déterminant différents points situés à égale distance d'un point donné, on a ébauché un cercle. Cette distance constante est celle qui sépare la pointe et la mine du compas. On peut introduire le vocabulaire « centre » et « rayon ».

SÉQUENCE 74 — La multiplication (3) : de l'addition répétée à la multiplication

Multiplications ○ ○ ○ ○ ○ ○ ○ ○

1

L'écureuil et Mathieu calculent le résultat de cette addition répétée :

4 + 4 + 4 + 4 + 4 + 4 + 4 + 4 + 4 + 4 + 4 + 4 = ...

Quatre et quatre, huit.
Huit et quatre, douze.
Douze et quatre, seize.
Seize et quatre, vingt.
Ça va être long !

Je cherche combien de fois il y a 4 dans cette addition...
C'est 12 fois 4. Je calcule 4 × 12.

Si on imagine le quadrillage...

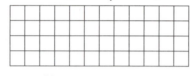

... on voit qu'il vaut mieux calculer 4 fois 12.

4 + 4 + 4 + 4 + 4 + 4 + 4 + 4 + 4 + 4 + 4 + 4 = 4 × 12

= ....

Écris la multiplication qui résume l'addition répétée et calcule-la.

2 + 2 + 2 + 2 + 2 + 2 + 2 + 2 = ... | 10 + 10 + 10 + 10 = ...
= .... | = ...

10 + 10 + 10 + 10 + 10 + 10 + 10 = ... | 7 + 7 + 7 + 7 + 7 + 7 + 7 + 7 + 7 + 7 = ...
= .... | = ...

2 + 2 + 2 + 2 + 2 + 2 + 2 + 2 + 2 + 2 + 2 + 2 + 2 + 2 + 2 + 2 + 2 + 2 + 2 + 2 = ...
= ....

Écris la multiplication. Ne la calcule pas (tu apprendras bientôt à calculer ces multiplications).

9 + 9 + 9 + 9 + 9 = ... | 40 + 40 + 40 + 40 + 40 + 40 + 40 = ...

53 + 53 + 53 + 53 + 53 + 53 + 53 = ... | 124 + 124 + 124 + 124 + 124 + 124 = ...

2

Voici 5 pochettes de 3 stylos. *Combien y a-t-il de stylos ?*

Voici 6 pièces de 2 euros. *Combien y a-t-il d'euros ?*

.... = ...
= ....

.... = ...
= ....

Il y a ....

Multiplications : les cas sont du type : 4 x 10 ou 10 x 4 (*n* fois 10 avec *n* à 1 chiffre) ; 4 x 100 ou 100 x 4 et 16 x 2 ou 2 x 16 (2 fois *n* quand 10 ≤ *n* ≤ 20). On glissera également quelques cas du type 0 x *n* et 1 x *n*. Les calculs demandés *a* x *b* sont écrits au tableau. Lors de la validation, on explicite le mode de calcul : « *a* groupes de *b* » ou « *b* groupes de *a* » ?

1 et **2** Apprendre à écrire une addition répétée sous forme multiplicative : on compte combien de fois le terme est répété pour accéder au 2nd facteur.

Les solides (1) : les cylindres

SÉQUENCE 75

Soustractions ○ ○ ○ ○ ○ ○ ○ ○

1
a Avec ton matériel en carton (à la fin de ton fichier), construis le cylindre.
b Observe ces solides. Ce sont tous des cylindres.

A   B   C   D   E

c Auquel de ces cylindres celui que tu as construit ressemble-t-il le plus ? Pourquoi ?
....

d Qu'ont de pareil tous ces cylindres ? Qu'ont-ils de différent ?
Trouve autour de toi des objets qui ont une forme de cylindre.

2 Voici d'autres cylindres.

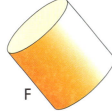    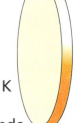
F   G   H   I   J   K

On a commencé à ordonner ces cylindres de la plus petite base à la plus grande.
Continue : i,..

On a commencé à ordonner ces cylindres de la plus petite hauteur à la plus grande.
Continue : k,..

3 Écris la multiplication qui résume l'addition répétée et calcule-la.

8 + 8 + 8 + 8 + 8 + 8 + 8 + 8 + 8 + 8 = ...   2 + 2 + 2 + 2 + 2 + 2 + 2 = ...
= ....   = ...

Voici 5 verres de cristal à 4 € le verre.
Quel est le prix total de ces verres ?

4€   4€   4€   4€   4€

Voici 9 boîtes. Chacune contient 2 chaussures.
Combien y a-t-il de chaussures en tout ?

= ....
= ....

= ....
= ....

Soustractions : idem sq 64.   **①** et **②** Expliquer pourquoi le cylindre construit ressemble plus au cylindre C exige de parler de sa « hauteur » et des 2 disques sur lesquels il repose à plat : on les appelle les « bases » du cylindre. Ce type de séance aide plus généralement les élèves à dégager la notion de solide en analysant l'un d'eux, le cylindre « dans tous ses états » : très aplati, très allongé, etc.

103

SÉQUENCE 76

Calcul réfléchi de la multiplication : multiplier par 10 un nombre

Soustractions ◯ ◯ ◯ ◯ ◯ ◯ ◯ ◯

1 *Tu vas apprendre que 52 x 10 ne se calcule pas comme 52 x 3.*

L'écureuil et Mathilde calculent 52 x 3

Je calcule 52 fois 3.
Trois et trois, six.
Six et trois, neuf.
Neuf et trois, douze...

Il vaut mieux calculer 3 fois 52...
2 fois 52, 104.
3 fois 52...

52 x 3 = ...

Maintenant, l'écureuil et Mathilde calculent 52 x 10

Je continue le calcul de Mathilde.
Après 3 fois 52,
je cherche 4 fois 52.
156 et 52, euh... 208.
Je cherche 5 fois 52.
208 et 52, 260.
Je cherche 6 fois 52.
260 et 52, euh...

Attention l'écureuil,
10 est un nombre particulier !
C'est plus facile d'additionner
des groupes de 10.
Regarde Picbille !

52 x 10 = 10 + 10 + 10 + 10 + 10 + 10 + 10 + 10 + 10 + 10 + 10 + 10 + 10 + 10 + 10 + 10 + 1...

Avec mes groupes de 10, 52 fois 10, ça fait...

52 x 10 = ...

> **J'ai appris :** Je peux calculer 47 x 10 comme 10 fois 47 (ou 10 groupes de 47).
> Mais c'est plus facile de calculer 47 fois 10 (ou 47 groupes de 10).
> **47 x 10, c'est 47 groupes de 10, c'est 470.**

Imagine les deux façons de calculer et choisis la plus facile.

10 x 32 = ...	2 x 51 = ...	41 x 10 = ...	4 x 50 = ...
13 x 2 = ...	10 x 30 = ...	25 x 3 = ...	20 x 10 = ...
27 x 10 = ...	4 x 100 = ...	10 x 46 = ...	58 x 10 = ...
12 x 10 = ...	10 x 39 = ...	2 x 34 = ...	10 x 60 = ...

Soustractions : idem sq 64. **1** 52 x 3 se calcule comme 3 fois 52 car 3 est plus petit que 52. Mais 52 x 10 se calcule plus facilement comme 52 fois 10 (52 groupes de 10, c'est 520). La progression adoptée ici permet aisément d'expliquer ce qu'on appelle la « règle des zéros ». Il est important que pendant un certain temps, les élèves raisonnent ainsi : 52 x 10, c'est 52 groupes de 10, avant de passer à l'automatisme de la règle.

deux chiffres

2 Écris la multiplication qui dit combien il y a de groupes de 10 billes et combien de billes en tout.

10 × ...... = ... = ... = ...

Combien y a-t-il de craies ici ? (Écris la multiplication qui justifie ta réponse.)

....

Combien y a-t-il d'euros ici ? (Écris la multiplication qui justifie ta réponse.)

....

3 Complète.

10 + 10 + 10 + 10 + 10 + 10 + 10 + 10 + 10 + 10 + 10 + 10 + 10 + 10 + 10 + 10 + 10 + 10 + 10 + 10 + 10 = ... × ......

= ......

Multiple de 10 ou non ? (Écris la multiplication qui justifie ta réponse.)

130 → Non. / Oui, c'est ...... × ......

250 → Non. / Oui, c'est ......

368 → Non. / Oui, c'est ......

quatre cent dix → Non. / Oui, c'est ......

cinq cent trente → Non. / Oui, c'est ......

4 Écris les multiplications qui justifient tes réponses.

Voici 35 carnets de 10 timbres.
Combien y a-t-il de timbres en tout ?

....

Voilà 48 billets de 10 €.
Combien y a-t-il d'euros en tout ?

....

2 Cette tâche fondamentale, où il faut décrire de deux manières différentes une même quantité (combien de groupes de 10 et combien d'unités en tout ?) est proposée à nouveau maintenant que les élèves peuvent utiliser la multiplication pour en exprimer la solution.

3 et **4** Ces tâches sont connues des élèves. La seule nouveauté est l'usage de la multiplication pour exprimer la solution.

105

SÉQUENCE 77

ARP Atelier de Résolution de Problèmes

Numération   10 x ...... = ...   10 x ...... = ...   10 x ...... = ...   10 x ...... = ...

① Fabrication d'une girafe

Matériel : – 5 allumettes
– 2 bouchons
– 1 bout de laine

1. Tailler un bouchon pour lui donner la forme de la tête.
2. Avec un clou, percer les trous pour les pattes et le cou.
3. Assembler comme sur le schéma.
4. Pour la queue, coller le bout de laine.

Dessine ou calcule au brouillon et réponds.
Fais attention : sur la première ligne on t'interroge d'abord sur les allumettes ; sur la deuxième ligne on t'interroge d'abord sur les bouchons ; sur la troisième…

- Pour fabriquer 2 girafes, il faut ...... allumettes, ... bouchons et ...... bouts de laine.
- Pour fabriquer 3 girafes, il faut ...... bouchons, ... allumettes et ...... bouts de laine.
- Pour fabriquer 4 girafes, il faut ...... bouts de laine, ... allumettes et ...... bouchons.
- Pour fabriquer 5 girafes, il faut ...... allumettes, ... bouts de laine et ...... bouchons.
- Pour fabriquer 10 girafes, il faut ...... bouchons, ... bouts de laine et ...... allumettes.

② Écris une ou plusieurs questions pour ce problème.
Réponds à ces questions (tu peux calculer ou faire des schémas sur ton cahier).

M. Mayol achète 3 lots de 8 yaourts.
Le lot coûte 2 €.

Question(s) : ....

Réponse(s) : ....

Numération : Des valises et des boîtes sont dessinées au tableau (*n* se termine par 0 et *n* ≤ 990). Les élèves écrivent la multiplication qui exprime le nombre de groupes de 10 et le nombre total. Là encore, l'enseignant peut feindre la surprise : « Mais je ne les vois pas, les *n* groupes de 10 ! »

① L'interrogation est alternée pour que chaque problème soit abordé de manière indépendante et non à partir d'un algorithme : 10, 15, 20…, par ex., pour les allumettes.

② Énoncé qui rend possibles plusieurs questions (cf. sq 69).

Atelier de Résolution de Problèmes ARP

SÉQUENCE 78

Multiplications

① **Problème :** 13 équipes de boulistes participent à un tournoi.
Dans chaque équipe, il y a 2 joueurs.
Combien de personnes participent à ce tournoi ?

Voici les solutions de Mélanie, Sébastien et Cécile.

Mélanie :
26 personnes participent à ce tournoi.

Sébastien :
2+2+2+2+2+2+2+2+2+2+2+2 = 24
24 personnes participent à ce tournoi.

Cécile :
C'est 13 groupes de 2
Je calcule la multiplication :
2 × 13 = 26
26 personnes participent à ce tournoi.

Entoure la ou les bonne solutions.
Pourquoi la ou les autres ne conviennent-elles pas ?

② **Problèmes à résoudre sur le cahier**

Réponds (tu peux faire un schéma, écrire une égalité ou expliquer ta solution).

1 ▶ Elsa achète 5 paquets de 4 images.
Combien d'images achète-t-elle ?

2 ▶ M. Leleu achète une galette à 7 €.
Il paie avec un billet de 20 €.
La boulangère lui rend la monnaie.
Combien d'argent lui rend-elle ?

3 ▶ Adrien a 23 feutres.
Mais il n'a que 10 capuchons.
Combien de capuchons manque-t-il à Adrien ?

4 ▶ Combien d'œufs y a-t-il dans 17 boîtes de 10 œufs ?

5 ▶ 25 enfants sont en classe de neige.
Il faut des bâtons de ski pour tous ces enfants.
Combien faut-il de bâtons de ski ?

Multiplications : idem sq 74 en ajoutant des cas du type 43 × 10 ou 10 × 43.

① Comparer trois solutions d'un problème. L'explication des erreurs est une tâche difficile. Elle peut être conduite collectivement et prendre, par ex., la forme : « La solution de Sébastien conviendrait si l'énoncé parlait de... » (ici : de 12 équipes de 2 boulistes).

② On apprécie tout aussi positivement l'usage d'un schéma que celui d'une opération arithmétique.

SÉQUENCE 79 — **L**a différence (1) : c'est ce qu'il faut ajouter au petit nombre pour

Multiplications ○ ○ ○ ○ ○ ○ ○ ○

1 *Tu vas apprendre ce qu'est la différence entre deux nombres.*
Mathilde et Mathieu comparent leurs nombres de billes. Complète.

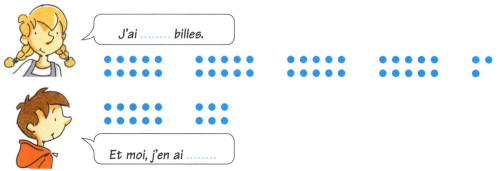

J'ai ...... billes.

Et moi, j'en ai ......

Mathilde a plus de billes que Mathieu.
Pour chercher combien elle a de billes de plus que Mathieu, on a entouré ci-dessous
ce qui « dépasse » dans son nombre de billes. **Ce nombre s'appelle la différence** :

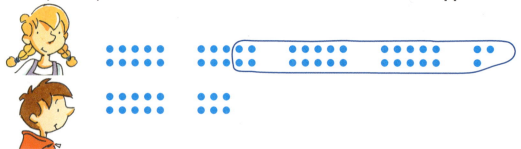

▶ *La différence entre ces deux nombres de billes est de* ....

▶ Imagine : *Mathieu aura-t-il* **autant**, **moins** *ou* **plus** *de billes que Mathilde s'il gagne…*
   2 billes :   27 billes :   29 billes :   15 billes :

2 Thomas et Nina comparent leurs nombres de timbres.
On a commencé à entourer la différence. Continue et complète.

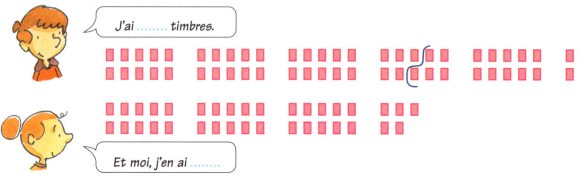

J'ai ...... timbres.

Et moi, j'en ai ......

▶ *La différence entre les deux nombres de timbres est de* ....

▶ *Nina aura-t-elle* **autant**, **moins** *ou* **plus** *de timbres que Thomas si elle achète…*
   26 timbres :   16 timbres :   17 timbres :   18 timbres :

Multiplications : idem sq 78.

① Dans la progression *(cf. Présentation p. 3)*, la différence est d'abord définie indépendamment de toute idée de soustraction : dans tous les problèmes posés, les nombres sont donnés à partir de collections organisées et la différence s'obtient en entourant ce qui « dépasse » quand on repère l'équivalent de la petite collection dans la grande. C'est

obtenir le grand

3 Léa et José comparent leurs nombres d'images. Complète.

J'ai .... images.

Et moi, j'en ai ....

▶ Entoure la différence entre les deux nombres d'images. *Elle est de* ....

▶ *José aura-t-il* **autant**, **moins** *ou* **plus** *d'images que Léa s'il reçoit...*

38 images :   29 images :   39 images :   36 images :

....

J'ai appris : La différence (ou l'écart) entre deux nombres, c'est ce qui « dépasse » quand on imagine le petit nombre « dans » le grand.
C'est aussi ce qu'il faut ajouter au petit nombre pour obtenir le grand.

4 Jeu du nombre Mystérieux

32 x 10 = ...   283 + 7 = ...
2 x 25 = ...   45 + 25 = ...
542 x 0 = ...   94 + 76 = ...
10 x 46 = ...   348 + 72 = ...
200 – 10 = ...   50 + 330 = ...
103 – 13 = ...   129 + 141 = ...

0   50   70
90   170   190   220
270   290   320
380   420
460

Si tu as besoin, tu peux calculer ci-dessous.   Le nombre mystérieux :

▷ seulement en sq 83 que sera fait le lien entre la différence et la soustraction. Ici, la différence apparaît sous deux formes distinctes : d'une part l'écart entre 2 nombres et, d'autre part, ce qu'il faut ajouter au petit nombre pour avoir le grand.

❷ et ❸ Dans cette tâche, la principale difficulté consiste à repérer l'équivalent de la petite collection dans la grande (ce repérage est amorcé en 2).

SÉQUENCE 80

Les tables de multiplication de 3 à 5 : découverte

Soustractions ○ ○ ○ ○ ○ ○ ○ ○

1 Entoure sur le boulier et complète la table de multiplication.

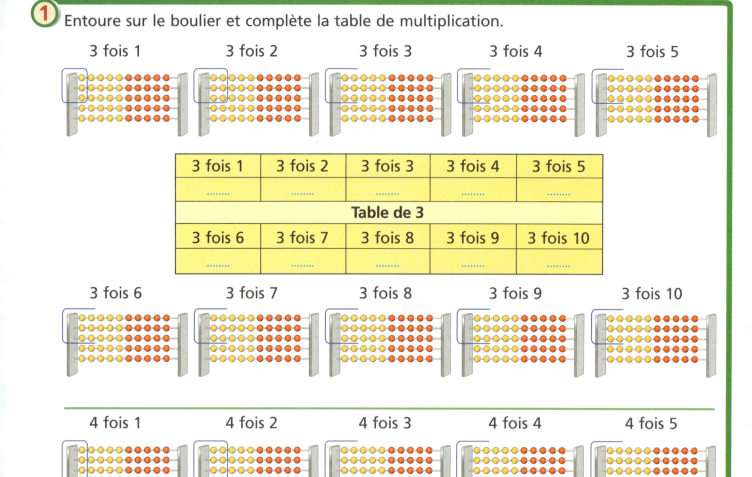

J'ai appris : Dans la table de 3, les résultats se suivent de 3 en 3 : 3, 6, 9, 12, 15, etc. C'est facile d'apprendre à réciter les tables de multiplication.
Pour connaître 3 × 6 ou 6 × 3, on peut calculer 6 + 6 + 6.
Mais on peut aussi chercher dans la **6ᵉ case de la table de 3** : c'est le nombre après 15, c'est 18.

Soustractions : idem sq 64.

1 et **2** Introduction des tables traditionnelles de 3, 4 et 5 (il est vraisemblable qu'elles favorisent mieux la mémorisation que d'autres : cf. le Livre du maître). Elles utilisent le mot « fois » mais, pour mieux les mémoriser, il ne faut pas calculer 3 fois 6, par ex., comme 3 groupes de 6. Pour un enfant de CE1, en effet, compter de 6 en 6 est difficile. Il vaut mieux savoir que dans la table de 3,

② Entoure sur le boulier et complète la table de multiplication par 5.

5 fois 1	5 fois 2	5 fois 3	5 fois 4	5 fois 5
....	....	....	....	....
Table de 5					
5 fois 6	5 fois 7	5 fois 8	5 fois 9	5 fois 10
....	....	....	....	....

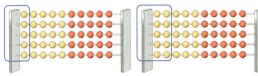
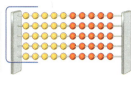

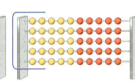
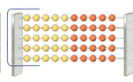
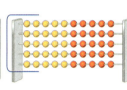
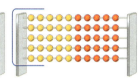

Si tu ne connais pas le résultat d'une multiplication, cherche-le dans les tables de 3, 4 ou 5.

9 x 4 = ...   8 x 3 = ...   5 x 7 = ...   5 x 3 = ...

3 x 7 = ...   8 x 4 = ...   4 x 10 = ...   4 x 9 = ...

6 x 5 = ...   3 x 9 = ...   5 x 5 = ...   4 x 4 = ...

4 x 7 = ...   6 x 4 = ...   9 x 5 = ...   8 x 5 = ...

③ David et Gaëlle comparent leurs nombres de photos. Complète.

J'ai .... photos.

Et moi, j'en ai ....

▶ Entoure la différence entre les deux nombres de photos. *Elle est de* ....

▶ *Gaëlle aura-t-elle* **autant,** *moins ou* **plus** *de photos que David si elle fait...*

10 photos :   32 photos :   23 photos :   25 photos :

....

▷ les résultats vont de 3 en 3 (les élèves le découvrent avec le boulier) et remarquer que « 3 fois 6 » est juste après « 3 fois 5 » : après 15, c'est 18. De même, « 3 fois 9 » est juste avant « 3 fois 10 » : avant 30, c'est 27. Ces tables se mémorisent donc en s'appuyant sur les repères « n fois 5 » et « n fois 10 »; d'où leur organisation en 2 lignes. Dans la table de 5, il est clair qu'il ne serait pas judicieux de calculer « 5 fois 6 » par ex., comme 5 groupes de 6.

SÉQUENCE 81 — Les angles (angles quelconques et angle droit)

Table de 5

1 Observe ces paires de ciseaux. Elles sont plus ou moins ouvertes.
On peut dire aussi : **les angles qu'ils forment sont plus ou moins grands.**

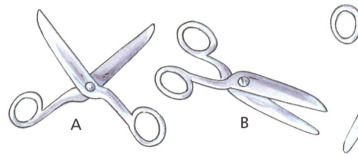

Ordonne ces paires de ciseaux selon les angles qu'elles forment,

du plus petit au plus grand : ....

Ordonne les angles que forment ces traits

du plus petit au plus grand : ....

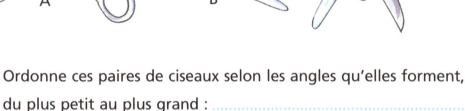

2 Voici un angle droit :

Tu vas apprendre pourquoi on dit que cet angle est « droit ».

C'est l'angle que forme
une paire de ciseaux ouverte comme
le plus grand angle d'une équerre.

*À quelle condition un angle
qui a l'un de ses côtés horizontal est-il droit ?*

Table de 5 : 4 phases : 1°) *Furet de la table de 5.* L'enseignant désigne un élève qui dit « 5 fois 1, 5 », un autre : « 5 fois 2, 10 », etc. Arrivé à « 5 fois 10, 50 », on redescend. L'élève commence toujours par dire : « 5 fois... ». 2°) Interrogation dans le désordre sur les premiers résultats (jusqu'à 5 fois 5) et sur 5 fois 10 : réponse sur ardoise. 3°) Utilisation de la table de 5 incomplète de la fin du fichier, pour expliciter la stratégie permettant de trouver 5 fois 6 et 5 fois 9 à partir des repères 25 et 50. L'interrogation porte également sur 5 fois 7 et 5 fois 8. 4°) Interrogation sur le fichier dans le désordre.

③ Prends le calque sur lequel est tracé un angle droit et deux autres angles et réponds.

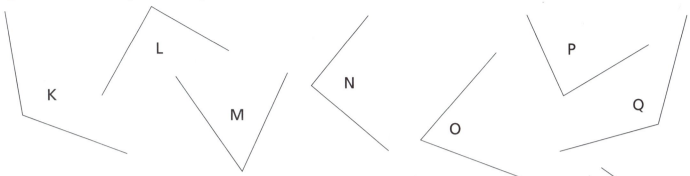

Les angles égaux à l'angle bleu clair sont ....

Les angles égaux à l'angle bleu foncé sont ....

Les angles droits sont ....

Sur les dessins des angles, indique ceux qui sont droits comme ceci :

④ Aurélie et Kamel comparent leurs nombres d'images. Complète.

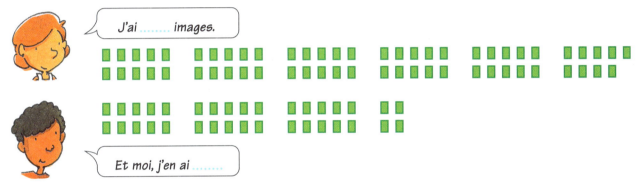

▶ Entoure la différence entre les deux nombres d'images. *Elle est de* ....

▶ *Kamel aura-t-il* **autant**, **moins** *ou* **plus** *d'images qu'Aurélie s'il achète…*

18 images :   25 images :   17 images :   27 images :

⑤ **Jeu du nombre Mystérieux**

Si nécessaire, calcule sur ton cahier.

10 x 48 = ...   120 + 50 = ...

2 x 40 = ...   62 + 8 = ...

43 x 10 = ...   134 + 56 = ...

10 x 37 = ...   343 + 77 = ...

400 – 10 = ...   354 + 6 = ...

101 – 11 = ...   227 + 33 = ...

70   80   90
170   190   240   260
360   370   390
420   430
480

Le nombre mystérieux :

❶ Approche intuitive de la notion d'angle : un angle, comme les branches d'une paire de ciseaux, peut être plus ou moins ouvert.

❷ et ❸ Un angle particulier : l'angle droit. Le mot « droit » lui-même est explicité : un angle droit n'a pas toujours l'un de ses côtés « droit », au sens de vertical.

113

SÉQUENCE 82 — **Calcul réfléchi de la multiplication : cas du type 3 x 200 et 30 x 5**

Table de 5 ◯ ◯ ◯ ◯ ◯ ◯ ◯ ◯

1 Calculer 200 x 3, c'est facile... | 30 x 5, c'est plus difficile...

3 fois 2 groupes de 100, c'est 6 groupes de 100... | *5 fois 3 groupes de 10, c'est 15 groupes de 10...*

200 x 3 = ...   30 x 5 = ...

2 Calcule (tu peux utiliser les résultats des tables pages 110 et 111).

5 x 50 = ...   5 x 30 = ...   2 x 200 = ...   400 x 2 = ...

40 x 5 = ...   2 x 90 = ...   60 x 5 = ...   3 x 300 = ...

70 x 2 = ...   90 x 5 = ...   3 x 40 = ...   5 x 20 = ...

J'ai appris : 70 x 5 c'est **5 fois 7** groupes de 10, c'est **35** groupes de 10, c'est 350.

3 Que vaut-il mieux, barrer les premières cases ou les dernières ?

42 – 36 = ...   35 – 8 = ...   51 – 3 = ...   102 – 97 = ...

63 – 4 = ...   91 – 70 = ...   72 – 69 = ...   103 – 6 = ...

4 Paul et Virginie comparent leurs nombres de photos. Complète.

 J'ai .... photos.

 Et moi, j'en ai ....

▶ Entoure la différence entre les deux nombres de photos. *Elle est de* ....

▶ *Virginie aura-t-elle* **autant, moins** *ou* **plus** *de photos que Paul si elle fait...*

25 photos :   18 photos :   15 photos :   17 photos :

....

Table de 5 : idem sq 81. Seuls les élèves qui en ont besoin, utilisent la table incomplète.

1 et **2** Pour apprendre à calculer 236 x 4 (*cf.* sq 92), il faut savoir multiplier respectivement 200 et 30 par 4. C'est une nouvelle occasion de revoir que 12 groupes de 10, c'est 120. On propose surtout des produits par 5 car la mémorisation de la table a commencé.

La différence (2) : quelle opération pour la calculer ?

SÉQUENCE 83

Table de 5 ◯ ◯ ◯ ◯ ◯ ◯ ◯ ◯

① Mathilde et Mathieu comparent leurs nombres de billes. Imagine les billes et réponds.

J'ai 42 billes.

Moi, je n'en ai que 3.

▶ *La différence entre ces deux nombres de billes est de* ....

▶ Écris l'égalité qui exprime le calcul que tu as fait : ....
Pour vérifier, dessine les billes de Mathilde et de Mathieu.

▶ *Mathieu aura-t-il **autant**, **moins** ou **plus** de billes que Mathilde s'il gagne…*
35 billes :   40 billes :   39 billes :   41 billes :

....

② Elsa et Théo comparent leurs nombres de billes. Imagine les billes et réponds.

 J'ai 53 billes.   *Et moi, je n'en ai que 6.*

▶ *La différence entre ces deux nombres de billes est de* ....

▶ Écris l'égalité qui exprime le calcul que tu as fait : ....
Si tu n'es pas sûr(e), dessine les billes sur ton cahier.

▶ *Théo aura-t-il **autant**, **moins** ou **plus** de billes qu'Elsa s'il gagne…*
51 billes :   47 billes :   42 billes :   49 billes :

....

J'ai appris : La différence entre le nombre de billes de Mathilde et celui de Mathieu, c'est ce qu'il faut ajouter au petit nombre pour obtenir le grand.
Si Mathilde a 61 billes et que Mathieu n'en a que 4, la différence est presque de 61. C'est 61 moins les 4 billes que Mathieu a déjà.

Pour calculer la différence entre deux nombres,

je peux faire une ....

③ Calcule.
50 × 5 = ...   5 × 40 = ...   3 × 200 = ...   5 × 60 = ...

300 × 2 = ...   90 × 2 = ...   3 × 40 = ...   70 × 5 = ...

Table de 5 : idem sq 81. Seuls les élèves qui en ont besoin, utilisent la table incomplète.

① et **②** Comme les collections ne sont plus dessinées, il faut calculer pour trouver la différence (en 1, le dessin sert de validation). Les valeurs numériques (l'un des nombres est tout petit) favorisent la découverte de l'opération adaptée : avec ces valeurs, la différence est presque le grand nombre, c'est le grand nombre moins le petit.

SÉQUENCE 84 — La différence (3) : la calculer par une soustraction (généralisation)

Soustractions ○ ○ ○ ○ ○ ○ ○ ○

1

a Imagine les billes de Mathilde et celles de Mathieu.

 *Moi, j'ai 53 billes.*   *Et moi, j'en ai 38.*

▶ Calcule la différence à l'aide d'une soustraction (tu peux utiliser le carton avec des files de boîtes).

53 − 38 = ...

▶ *Mathieu aura-t-il* **autant**, **moins** *ou* **plus** *de billes que Mathilde s'il gagne…*

11 billes :   20 billes :   15 billes :   19 billes :

b Vérifie tes réponses en calculant l'addition dans le cas où Mathieu gagne la différence.

```
    3 8
+
```

2

a Imagine les timbres de Grégory et ceux de Chloé.

 Moi, j'ai 65 timbres.   *Et moi, j'en ai 39.*

▶ Calcule la différence à l'aide d'une soustraction (tu peux utiliser le carton avec des files de boîtes).

....

▶ *Chloé aura-t-elle* **autant**, **moins** *ou* **plus** *de timbres que Grégory si elle achète…*

26 timbres :   29 timbres :   23 timbres :   25 timbres :

b Vérifie tes réponses en calculant l'addition dans le cas où Chloé achète la différence.

3 Jeu du nombre Mystérieux

Si nécessaire, calcule sur ton cahier.

50 × 5 = ...   307 + 33 = ...

2 × 200 = ...   25 + 285 = ...

5 × 40 = ...   168 + 182 = ...

210 × 2 = ...   197 + 183 = ...

200   250   260
310   340   350
380   400   420

Le nombre mystérieux :

Soustractions : idem sq 64.

❶ et ❷ Face à des problèmes de recherche d'une différence avec des nombres quelconques (sq 83, l'un des nombres était très petit), on demande ici : 1°) de calculer la soustraction correspondante et 2°) de vérifier que le résultat de cette soustraction est bien la différence. Pour cela, les élèves l'ajoutent au petit nombre de l'énoncé : ils doivent retrouver le grand.

Double des nombres 15, 20, 25, 30, 35…

SÉQUENCE 85

Table de 3 ◯ ◯ ◯ ◯ ◯ ◯ ◯ ◯

①

Le double de 60, c'est facile… | Celui de 65, c'est plus difficile…

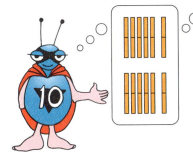
2 fois 6 groupes de 10, 12 groupes de 10 c'est…
60 x 2 = ………

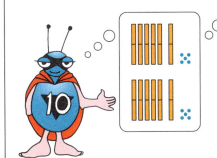
2 fois 6 groupes de 10, 12 groupes de 10 et 2 fois 5…
65 x 2 = ………

J'ai appris : Le double de 70, c'est 2 fois 7 groupes de 10, 14 groupes de 10, 140.
Le double de 75, c'est 2 fois 7 groupes de 10, 14 groupes de 10 …
… et encore 10, 150.

② Complète.

15 + 15 = ………   25 x 2 = ………   Le double de 30, c'est ………
40 + 40 = ………   45 x 2 = ………   Le double de 50, c'est ………
55 + 55 = ………   70 x 2 = ………   Le double de 75, c'est ………
80 + 80 = ………   35 x 2 = ………   Le double de 65, c'est ………

③ Calcule (tu peux utiliser les tables incomplètes de la fin du fichier).

3 x 40 = ………   70 x 3 = ………   3 x 80 = ………   40 x 5 = ………
200 x 3 = ………   3 x 50 = ………   60 x 3 = ………   3 x 90 = ………
5 x 60 = ………   3 x 300 = ………   70 x 5 = ………   80 x 5 = ………

④

a Imagine les images de Lise et celles de Pierre.

 Moi, j'ai 74 images.   Et moi, j'en ai 59.

b Vérifie tes réponses en calculant l'addition dans le cas où Pierre achète la différence.

▶ Calcule la différence à l'aide d'une soustraction (tu peux utiliser le carton avec des files de boîtes).

………………………………

▶ *Pierre aura-t-il **autant**, **moins** ou **plus** d'images que Lise s'il achète…*
16 images :   15 images :   13 images :   24 images :
………………   ………………   ………………   ………………

Table de 3 : idem sq 81, mais avec la table de 3 : 1°) *Furet de la table de 3*; 2°) Interrogation dans le désordre sur les premiers résultats et 3 fois 10 ; 3°) Découverte de la stratégie où l'on s'appuie sur les repères 15 et 30 ; 4°) Interrogation sur le fichier dans le désordre.

❶ Calculer le double de 60, 70, 80 et 90 grâce à la numération décimale : 18 groupes de 10, c'est 180. Prolongement aux doubles de 55, 65, etc.

SÉQUENCE 86 — ARP Atelier de Résolution de Problèmes

Table de 3 ○ ○ ○ ○ ○ ○ ○ ○

1

a Vérifie que, dans les deux quadrillages ci-dessous, les carrés ont 1 cm de côté.

Une fourmi part du point rouge et parcourt le chemin bleu. *Elle parcourt* .... cm.

Une autre part du point jaune et parcourt le chemin vert. *Elle parcourt* .... cm.

Calcule la différence entre les longueurs des chemins qu'elles parcourent :

....

Le chemin vert sera-t-il **aussi long, moins long** ou **plus long** que le bleu si on le prolonge de :

9 cm :   18 cm :   14 cm :   13 cm :

....

b Sur une feuille de papier format A4, trace un trait de 21 cm et un autre de 8 cm comme sur le schéma ci-contre.

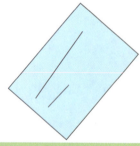

Calcule la différence de leurs longueurs : ....

Prolonge le petit trait d'une longueur égale à la différence et vérifie que tu obtiens deux traits de même longueur.

2 Écris une ou plusieurs questions pour ce problème.
Réponds à ces questions (tu peux calculer ou faire des schémas sur ton cahier).

Marc a 28 € et Sophie a 31 €.

Question(s) : ....

....

Réponse(s) : ....

....

Table de 3 : idem sq 85. Seuls les élèves qui en ont besoin, utilisent la table incomplète.

1 Ces problèmes permettent d'étendre la notion de différence de 2 nombres à celle de différence de 2 longueurs.

2 Rappelons qu'il s'agit d'une tâche difficile que l'on peut traiter collectivement après recherche individuelle. Il n'est guère spontané de s'interroger sur la différence. Et la question peut prendre des formes diverses : « combien X a-t-il de plus que Y ? » ; « combien Y a-t-il de moins que X ? », usage des mots « manque », « autant », etc.

Atelier de Résolution de Problèmes ARP

SÉQUENCE 87

Table de 3 ○ ○ ○ ○ ○ ○ ○ ○

1
Problème : Quel est le prix total de 10 melons à 3 € le melon ?

Voici les solutions de Cécile, Sébastien et Mélanie.

Cécile — Sébastien — Mélanie

Entoure la ou les bonnes solutions.
Pourquoi la ou les autres ne conviennent-elles pas ?

2 Problèmes à résoudre sur le cahier

Réponds (tu peux faire un schéma, écrire une égalité ou expliquer ta solution).

1 ▶ Luc veut acheter un jeu-vidéo à 42 €. Mais il n'a que 35 €.

   Combien d'argent lui manque-t-il ?

2 ▶ Une fermière a ramassé 28 œufs. Elle les range dans des boîtes qui peuvent contenir 6 œufs.

   Combien de boîtes peut-elle remplir ?

3 ▶ Une école achète 23 classeurs à 2 € le classeur.

   Combien l'école dépense-t-elle ?

4 ▶ Karine a 34 perles bleues et 6 perles rouges.

   Combien de perles bleues a-t-elle de plus que de perles rouges ?

5 ▶ Pendant ses vacances, Elise a fait 3 pellicules de 12 photos. Elle a raté 8 photos.

   Combien de photos sont réussies ?

6 ▶ 2 frères se partagent équitablement un paquet de 24 petits gâteaux.

   Combien de gâteaux chacun a-t-il ?

Table de 3 : idem sq 85. Seuls les élèves qui en ont besoin, utilisent la table incomplète.

1 Comparer 3 solutions d'un problème. L'explication des erreurs est une tâche difficile. Elle peut être conduite collectivement et prendre la forme : « La solution de… conviendrait si l'énoncé parlait de… ».

2 On apprécie tout aussi positivement l'usage d'un schéma que celui d'une opération arithmétique.

SÉQUENCE 88 — Les tables de multiplication de 3 à 5 : vers la mémorisation

Table de 4 ◯ ◯ ◯ ◯ ◯ ◯ ◯ ◯

1

Mathilde calcule 3 x 9 et Mathieu calcule 6 x 4.
Ils utilisent les tables **sans les compléter**.

3 fois 1	3 fois 2	3 fois 3	3 fois 4	3 fois 5
3	6			15

Table de 3

3 fois 6	3 fois 7	3 fois 8	3 fois 9	3 fois 10
				30

3 x 9 c'est là dans la table de 3. Juste avant 30, c'est 27.

6 x 4 c'est là dans la table de 4. Juste après 20, c'est 24.

4 fois 1	4 fois 2	4 fois 3	4 fois 4	4 fois 5
4	8			20

Table de 4

4 fois 6	4 fois 7	4 fois 8	4 fois 9	4 fois 10
				40

5 fois 1	5 fois 2	5 fois 3	5 fois 4	5 fois 5
5	10			25

Table de 5

5 fois 6	5 fois 7	5 fois 8	5 fois 9	5 fois 10
				50

Calcule comme Mathilde et Mathieu en utilisant les tables incomplètes.

9 x 5 = ...   5 x 6 = ...   4 x 9 = ...   7 x 3 = ...

3 x 6 = ...   4 x 4 = ...   5 x 7 = ...   4 x 7 = ...

2

a Imagine les photos de Victor et celles de Leïla.

Moi, j'ai 94 photos   *Et moi, j'en ai 67.*

b Vérifie tes réponses en calculant l'addition dans le cas où Leïla fait un nombre de photos égal à la différence.

▶ Calcule la différence à l'aide d'une soustraction (tu peux utiliser le carton avec des files de boîtes).

....

▶ Leïla aura-t-elle **autant**, **moins** ou **plus** de photos que Victor si elle fait…

27 photos :   29 photos :   40 photos :   25 photos :

....

Table de 4 : idem sq 81 mais avec la table de 4 : 1°) *Furet de la table de 4* ; 2°) Interrogation dans le désordre sur les premiers résultats et 4 fois 10 ; 3°) Découverte de la stratégie où l'on s'appuie sur les repères 20 et 40 ; 4°) Interrogation sur le fichier dans le désordre.

1 Synthèse de tout ce qui a été appris dans les moments de calcul sur ardoise et sur fichier lors des précédentes séquences et au début de celle-ci.

La monnaie : les centimes

SÉQUENCE 89

Doubles
Table de 4

◯ ◯ ◯ ◯ ◯ ◯ ◯ ◯

① Observe ces pièces. Ce ne sont pas des euros. Ce sont des **centimes d'euro**.

1 centime   2 centimes   5 centimes   10 centimes   20 centimes   50 centimes

*Quand on voit CENT sur ces pièces, on doit prononcer « **cent**ime ».*

Quand on a 100 centimes, on a 1 €.
Y a-t-il assez d'argent pour acheter ce journal à 1 € ?

1 €

② Il y a deux façons d'écrire un prix de 91 centimes ou de 245 centimes. Observe.

0 € 91   ou   0,91 €

Pourquoi écrit-on un zéro avant € ?

2 € 45   ou   2,45 €

Pourquoi écrit-on un 2 avant € ?

Entoure une somme d'argent qui permet de payer les achats suivants :

un croissant à 0 € 83.   un jeu de cartes à 2 € 30.   un stylo à 1,09 €.

③ Complète.

132 centimes c'est <u>1 € 32</u> ou <u>1,32 €</u>   3,92 € c'est .... centimes.

57 centimes c'est .... ou ....   0 € 47 c'est .... centimes.

209 centimes c'est .... ou ....   0,08 € c'est .... centimes.

Doubles : cas du type 30 x 2, 35 x 2, 60 x 2, etc. **Table de 4 :** idem sq 88. Seuls les élèves qui en ont besoin, utilisent la table incomplète.

① à ③ CENT qui d'habitude veut dire 100 ne signifie pas ce nombre mais « centime » sur les pièces en centimes d'euro. Cette ambiguïté nous a conduits à en retarder l'introduction en classe (*cf.* Livre du maître). Les élèves apprennent les différentes façons d'écrire un prix en euros et centimes d'euro.

SÉQUENCE **90** LECTURE DE L'HEURE (2)

Doubles
Table de 4

1 *Les horloges ci-dessous ont une aiguille des heures (la petite) et une aiguille des minutes (la grande).*

C'est le matin

Indique en heures (h) et minutes (mn) l'heure affichée sur chaque horloge et écris ce que tu fais à ce moment-là les jours de classe.

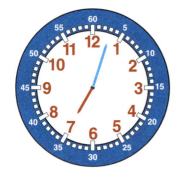  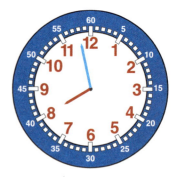

Il est .... Il est .... Il est ....

Je .... Je .... Je ....

Il est .... Il est .... Il est ....

Je .... Je .... Je ....

J'ai appris : Quand l'aiguille des minutes fait un tour complet, il se passe 60 minutes ou 1 heure.

Si la petite aiguille est au milieu du chemin entre le 4 et le 5, il est environ 4 h et demie ou 4 h 30 mn :
– soit il n'est pas encore 4 h et demie, car il est 4h 25mn (26, 27…),
– soit il est un peu plus de 4 h et demie, car il est 4h 31mn (32, 33…).

De même, si la petite aiguille est sur le 5, il est environ 5 h :
– soit il n'est pas encore 5 h, car il est 4h 55mn (56, 57, 58…),
– soit il est un peu plus de 5 h, car il est 5h 1mn (2, 3, 4…).

Doubles : idem sq 89.
Table de 4 : idem sq 89.

1 et **2** Les élèves disposent, en fin de fichier, d'un matériel pour réaliser les déplacements entre 2 positions indiquées sur le fichier. Il s'agit d'apprendre à utiliser l'information donnée par l'aiguille des minutes pour préciser celle donnée par la petite. Les principales étapes sont les suivantes. 1°) La grande aiguille tourne plus vite que la petite, sa course se repère sur la graduation bleue : pour éviter de compter 1 à 1, on y a marqué les repères 5, 10… jusqu'à 60. Un tour complet correspond ▷

2 Quelle heure est-il ?

  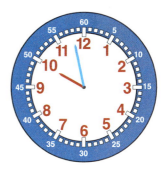

Il est .... Il est .... Il est ....

3 Dessine les 2 aiguilles en commençant par celle des minutes
(utilise un crayon bleu et un crayon rouge).

Il est 10 h.   Il est 10 h et 7 mn.   Il est 10 h et 26 mn.   Il est 10 h et demie.

 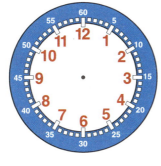 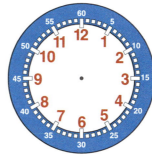 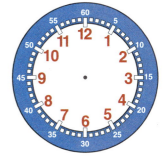

Il est 10 h 34.   Il est 10 h 57.   Il est 11 h.   Il est 11 h 28.

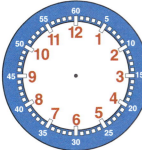  

4

a Imagine les billes de Carole et celles de Fabien.

 Moi, j'ai 104 billes   Et moi, j'en ai 75.

▶ Calcule la différence à l'aide d'une soustraction
(tu peux utiliser le carton avec des files de boîtes).

....

▶ Fabien aura-t-il **autant**, **moins** ou **plus** de billes
que Carole s'il gagne…

32 billes :   29 billes :   25 billes :   36 billes :

....

b Vérifie tes réponses en calculant l'addition dans le cas où Fabien gagne la différence.

▷ à 60 mn ou 1 h. 2°) Quand la petite aiguille est au milieu entre 4 et 5, il est *environ* 4 h et demie ; le fait que les heures correspondantes puissent être 4 h 25 mn ou 4 h 35 mn n'est pas surprenant. En revanche, quand elle est presque sur le 5, les élèves sont surpris qu'il puisse être 4 h et… Il importe de remarquer que le nombre de minutes est alors presque 60.

123

SÉQUENCE 91

Bilan terminal de la troisième période

Dictée

1) Calcule.

423 + 568 = ...   92 + 647 = ...   57 + 689 + 76 = ...   32 + 768 = ...

2) Calcule.

| 12 – 4 = ... | 16 – 12 = ... | 73 – 69 = ... | 82 – 6 = ... |
| 13 – 9 = ... | 50 – 8 = ... | 51 – 38 = ... | 76 – 8 = ... |

Calcule.

2 x 9 = ...	6 x 3 = ...	17 x 10 = ...	103 x 2 = ...
10 x 4 = ...	4 x 6 = ...	3 x 70 = ...	2 x 15 = ...
0 x 14 = ...	3 x 9 = ...	10 x 31 = ...	45 x 2 = ...
28 x 1 = ...	6 x 5 = ...	200 x 4 = ...	2 x 65 = ...
100 x 7 = ...	9 x 4 = ...	40 x 5 = ...	80 x 3 = ...

3) Écris la multiplication qui dit combien il y a de groupes de 10 billes et combien de billes en tout.

.... = ... = ... = ...

Multiple de 10 ou non ? Écris la multiplication qui justifie ta réponse.

 Non. / Oui, c'est .... x ....

 Non. / Oui, c'est ....

 Non. / Oui, c'est ....

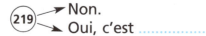 Non. / Oui, c'est ....

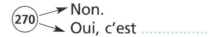 Non. / Oui, c'est ....

Dictée : nombres de 3 chiffres dont certains avec zéro comme chiffre des dizaines.
Bilan : on trouve un bilan analogue avec d'autres données numériques dans le Livre du maître.

④ Combien y a-t-il de crayons ici ? (Écris une égalité qui justifie ta réponse.)

....

⑤ C'est le matin. *Quelle heure est-il ?*   Dessine les 2 aiguilles.

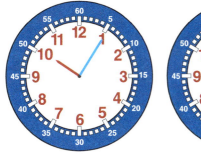   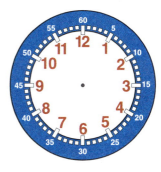

Il est ....   Il est ....   Il est 4 h 30   Il est 8 h.

⑥ *Problèmes à résoudre sur le cahier*

Réponds (tu peux faire un schéma, écrire une égalité ou expliquer ta solution).

1 ▶ Nadia a 24 petites poupées.
Sa sœur Katia en a 6.

Quelle est la différence
entre ces deux nombres de poupées ?

2 ▶ La maîtresse d'un CE1
dit à ses 23 élèves :
« Formez des équipes de 5. »

Combien d'équipes seront complètes ?

3 ▶ Dans un grand magasin,
on a vendu 27 sacs de 10 oranges.

Combien d'oranges ont été vendues ?

4 ▶ Kevin a 26 timbres.
9 sont des timbres anglais.
Les autres sont des timbres français.

Combien de timbres français
Kevin a-t-il ?

SÉQUENCE 92 — La multiplication en lignes par un nombre à 1 chiffre

Quatrième période

Arithmétique : multiplication et soustraction (vers la technique en colonnes), lien entre addition et soustraction, numération (le millier), moitié…
Géométrie : solides (tétraèdres, pavés), milieu d'un trait, rectangles et carrés.
Mesure : masses (le kg), longueurs (le km).

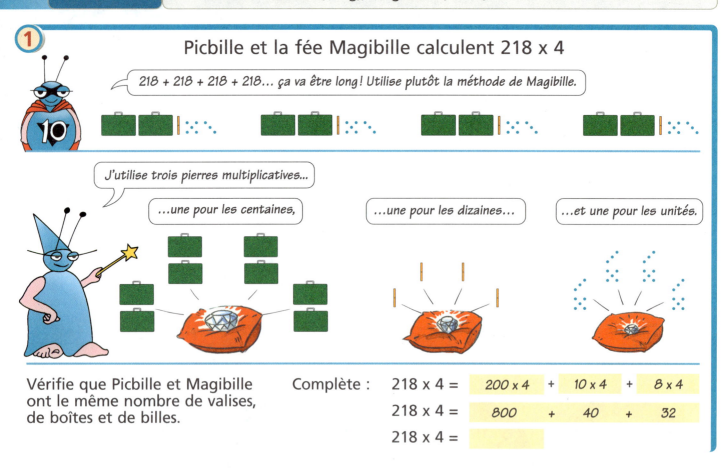

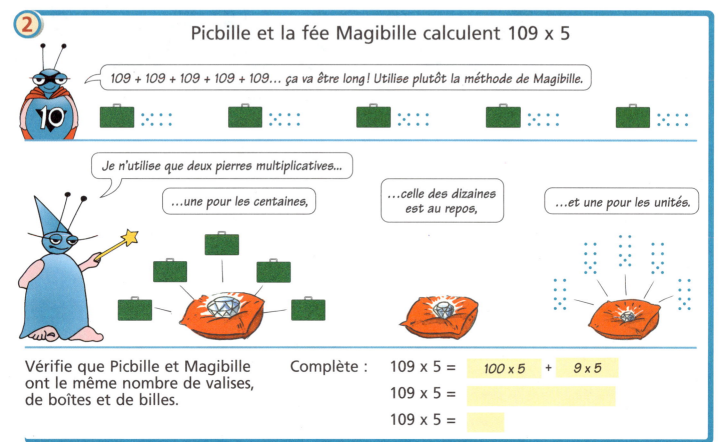

❶ Pour calculer 218 x 4, l'addition répétée est possible mais il vaut mieux multiplier les centaines par 4, les dizaines par 4 et les unités isolées par 4 avant de sommer le tout. Ces trois multiplications sont représentées par des « pierres multiplicatives » de tailles différentes. Il importe de vérifier que les deux façons de calculer sont équivalentes (elles conduisent au même nombre de valises, de boîtes et de billes).

③ Picbille et la fée Magibille calculent 270 x 3

270 + 270 + 270... ça va être long ! Utilise plutôt la méthode de Magibille.

Je n'utilise que deux pierres multiplicatives...

...une pour les centaines,   et une pour les dizaines.   Celle des unités est au repos.

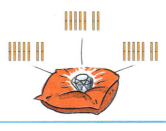

Vérifie que Picbille et Magibille ont le même nombre de valises, de boîtes et de billes.

Complète : 270 x 3 = 200 x 3 + 70 x 3
270 x 3 =
270 x 3 =

④ Calcule comme Magibille en imaginant les pierres multiplicatives (vérifie que le nombre de rectangles jaunes correspond au nombre de pierres utilisées).

205 x 4 =   +   136 x 5 =   +   +
205 x 4 =   136 x 5 =
205 x 4 =   136 x 5 =

190 x 3 =   +   93 x 5 =   +
190 x 3 =   93 x 5 =
190 x 3 =   93 x 5 =

Dans le premier calcul, on a remplacé les rectangles jaunes par des parenthèses. Termine ce premier calcul et effectue les trois autres.

307 x 3 = (300 × 3) + (7 × 3)   46 x 3 =
307 x 3 =   46 x 3 =
307 x 3 =   46 x 3 =

451 x 2 =   230 x 4 =
451 x 2 =   230 x 4 =
451 x 2 =   230 x 4 =

❷ à ❹ L'introduction de 3 « pierres multiplicatives » est une nouveauté de cette édition. Elle vise à aider les élèves dans les cas difficiles où le nombre qu'il faut multiplier comporte un zéro. Pour accéder au « bon plan de calcul », il suffit en effet, avant tout calcul, de se demander quelles seront les pierres multiplicatives utilisées. Notons que les élèves rencontrent pour la première fois les parenthèses, dans un contexte où leur emploi est facile.

SÉQUENCE 93 — Les solides (2) : les tétraèdres

| Lire l'heure | Il est ..... h et ..... mn | Il est ..... h et ..... mn | Il est ..... h et ..... mn | Il est ..... h et ..... mn |

1

a Avec ton matériel en carton (à la fin de ton fichier), construis le tétraèdre.

b Observe les schémas de ces solides. Ce sont tous des tétraèdres.
En grec ancien, « tétra » veut dire « quatre ». *Pourquoi ce nombre ?*

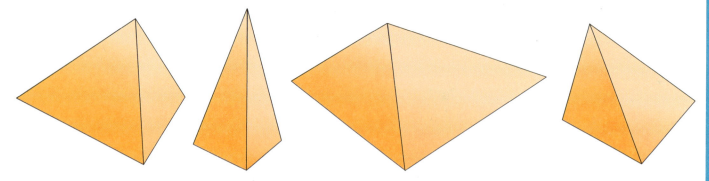

Quelles sont les différences entre un cylindre et un tétraèdre ?

2 Observe le tétraèdre que tu viens de construire en le posant sur ta table dans la position ci-dessous.

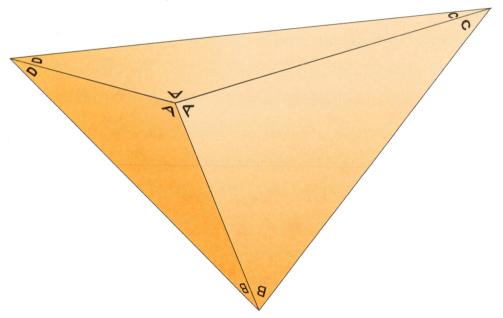

Ses 4 sommets sont indiqués par les lettres A, B, C et D. Montre chacun d'eux.

Montre la face ABC, la face ABD. *Quelles sont les autres faces ?* ....

Combien le tétraèdre a-t-il de faces ? ....

Quelle est la forme des faces ? ....

Le trait AB s'appelle une **arête** du tétraèdre. *Quelles sont les autres arêtes ?*

....

Combien le tétraèdre a-t-il d'arêtes ? ....

Lire l'heure : on affiche une heure sur une horloge ordinaire ; les élèves l'écrivent. On insiste sur les cas au voisinage de l'heure « juste » et de la demie (cf. sq 90) et on parcourt au moins 2 heures, par exemple : 7 h 58, 8 h, 8 h 4, 8 h 26, 8 h 30, 8 h 35, 8 h 53, 9 h 10. Les 4 dernières interrogations se font sur le fichier.

1 et **2** Plusieurs propriétés du tétraèdre peuvent être formulées (en dégageant les traits communs aux divers exemples ▷

3） Mesure la longueur des arêtes du tétraèdre que tu as construit, complète le tableau et réponds.

Arête	Longueur
AB	.... cm
AC	.... cm
AD	.... cm
BC	.... cm
BD	.... cm
DC	.... cm

Une face a ses trois côtés de même longueur, c'est la face ....

Une face a deux côtés de même longueur, c'est la face ....

Deux faces ont des côtés qui sont tous de longueurs différentes, ce sont les faces ....

Prends ton équerre ou le calque avec le dessin d'un angle droit. Cherche s'il existe des angles droits sur les faces de ce tétraèdre.

Sur ton tétraèdre, indique-les comme ceci :

4） Calcule comme Magibille en imaginant les pierres multiplicatives.
N'utilise les deux premières lignes que si tu en as besoin.

304 x 3 = ...   170 x 5 = ...
304 x 3 = ...   170 x 5 = ...
304 x 3 = ...   170 x 5 = ...

259 x 3 = ...   210 x 4 = ...
259 x 3 = ...   210 x 4 = ...
259 x 3 = ...   210 x 4 = ...

235 x 4 = ...   448 x 2 = ...
235 x 4 = ...   448 x 2 = ...
235 x 4 = ...   448 x 2 = ...

5） C'est le matin. *Quelle heure est-il ?*

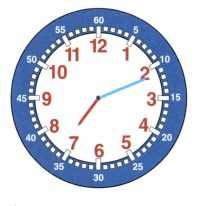 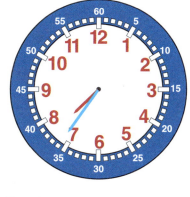 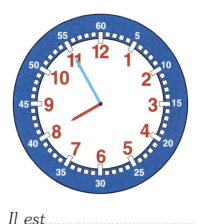

Il est ....   *Il est* ....   *Il est* ....

▷ et par comparaison avec le cylindre) : il a 4 faces, toutes sont des triangles, il ne roule pas... C'est l'occasion de s'interroger sur le nombre de faces des cylindres, sur leur forme, etc. On introduit le terme «sommet» en notant qu'en géométrie, ce mot n'a pas son sens quotidien : lorsqu'un tétraèdre repose sur l'une de ses faces, il y a 1 sommet en haut, ce qui correspond au sens habituel, mais les 3 autres sommets sont situés en bas du solide.

SÉQUENCE 94

ARP Atelier de Résolution de Problèmes

Soustractions

1. Un drôle d'ascenseur !

Cet ascenseur dessert une tour de 56 étages. Observe son tableau de commande.

▶ Imagine : tu es au 28ᵉ étage de cette tour et tu veux descendre de 6 étages.
Sur quelles touches dois-tu appuyer ? ☐ ☐   À quel étage arriveras-tu ? ....

▶ Imagine : tu es au 43ᵉ étage et tu veux monter de 8 étages.
Sur quelles touches dois-tu appuyer ? ☐ ☐   À quel étage arriveras-tu ? ....

Vous êtes au : 28ᵉ étage.

Pour déplacer l'ascenseur :

a Appuyez sur les touches ↓ ou ↑

b Indiquez le nombre d'étages que vous voulez monter ou descendre :
1 2 3 4 5 6 7 8 9 0

Vous allez vous déplacer de : __ étage(s).

Imagine ces situations et réponds.

▶ Mme Cornet sort de son bureau. Elle monte de 4 étages pour porter un document au 32ᵉ étage.
À quel étage est son bureau ? ....

▶ M. Vial sort de son bureau et descend de 10 étages pour prendre un café au bar du 45ᵉ étage.
À quel étage est son bureau ? ....

▶ M. Than travaille au 7ᵉ étage. Il va voir un ami qui travaille au 32ᵉ étage.
De combien d'étages doit-il monter ? ....

▶ Mme Dufour mange au restaurant du 31ᵉ étage. Elle revient à son bureau situé au 6ᵉ étage.
De combien d'étages doit-elle descendre ? ....

2.
Écris une ou plusieurs questions pour ce problème.
Réponds à ces questions (tu peux calculer ou faire des schémas sur ton cahier).

Amélie a 32 cartes postales dans sa collection. Son frère Laurent en a 27.

Question(s) : ....

Réponse(s) : ....

Soustractions : idem sq 64.

① Situation fictive qui aide à coordonner les deux significations du nombre, ordinale (rangs et numéros) et cardinale (quantités). Ainsi, depuis le 28ᵉ (rang), si on monte de 6 étages (quantité), en calculant 28 + 6 (ajout d'une quantité à un numéro), on conclut qu'on arrive au 34ᵉ (rang). Ces échanges de significations sont faciles, car il est clair que, du 1ᵉʳ au 28ᵉ étage (rangs), il y a 28 étages (quantité).

② Là encore, on peut s'intéresser à la somme et à la différence (cf. sq 86).

130

Atelier de Résolution de Problèmes ARP

SÉQUENCE 95

| ... c'est 5 fois combien ? | ...... c'est 5 fois ...... | ...... c'est 5 fois ...... | ...... c'est 5 fois ...... |

1

Problème : Trois enfants se partagent un paquet d'images en parts égales.
Chaque enfant reçoit 60 images.
Combien y avait-il d'images dans ce paquet ?

Voici les solutions de Sébastien, Mélanie et Cécile.

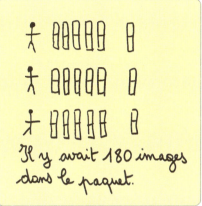

$60 \times 3 = 180$

Il y avait 180 images dans le paquet.

Sébastien   Mélanie   Cécile

Entoure la ou les bonnes solutions.
Pourquoi la ou les autres ne conviennent-elles pas ?

2

Problèmes à résoudre sur le cahier

Réponds (tu peux faire un schéma, écrire une égalité ou expliquer ta solution).

1 ▶ Dans le réfrigérateur d'une cantine, il y a 70 lots de 4 yaourts.

    Combien de yaourts y a-t-il dans ce réfrigérateur ?

2 ▶ 4 maîtres se partagent équitablement une boîte de 80 craies.

    Combien de craies aura chaque maître ?

3 ▶ 90 élèves d'une école vont au cinéma. Chaque billet d'entrée coûte 3 €.

    Quel est le prix total des billets ?

4 ▶ Quand utilise-t-on le moins d'eau :
– quand on prend un bain de 170 litres d'eau,
– ou quand on prend 5 douches de 30 litres d'eau par douche ?

5 ▶ 5 enfants se partagent un sac de billes. Chacun reçoit 20 billes.

    Combien de billes y avait-il dans le sac ?

6 ▶ Karine a 4 €. Elle veut acheter un jeu vidéo qui coûte 30 €.

    Combien d'argent lui manque-t-il ?

« N, c'est 5 fois combien ? » : On commence par un *furet de la table de 5* et quelques interrogations classiques dans le désordre (« 5 fois *n*... »). Puis l'enseignant choisit un produit de la table de 5 et demande par ex. : « 15, c'est 5 fois combien ? ». Les premières interrogations se font sur ardoise. Dans un 1er temps, les élèves peuvent utiliser une table de 5 incomplète ; dès que cela paraît possible, ils répondent sans.

❶ Évaluer 3 solutions d'un même problème. On peut faciliter l'explication de l'erreur ainsi : « *Sa solution conviendrait si le problème était...* ».

SÉQUENCE 96

Moitié d'un nombre (1) : nombres < 100 se terminant par 0

Lire l'heure
... c'est 3 fois combien ?

.... c'est 3 fois .... c'est 3 fois .... c'est 3 fois .... c'est 3 fois ....

1 Tu vas chercher la moitié de nombres compris entre 10 et 20.

Observe l'exemple et continue.

La moitié de 12, c'est ..6.. car ..12=6+6..
ou ..12=6×2..

La moitié de 16, c'est .... car ....
ou ....

La moitié de 18, c'est .... car ....
ou ....

La moitié de 14, c'est .... car ....
ou ....

Tu vas chercher la moitié des nombres inférieurs à 100 et qui se terminent par zéro.

Observe l'exemple et continue.

Nombre	Entoure la moitié.	Complète.
30		30 = ... x 2
40		40 = ...
50		50 = ...

Cherche la moitié de ces autres nombres.
Si tu n'es pas sûr(e), dessine sur ton cahier.

La moitié de 60, c'est .... car ....

La moitié de 80, c'est .... car ....

La moitié de 70, c'est .... car ....

La moitié de 90, c'est .... car ....

La moitié de 100, c'est .... car ....

J'ai appris : 60, c'est 6 groupes de 10. La moitié, c'est 3 groupes de 10 ; c'est 30.
70, c'est 7 groupes de 10. La moitié, c'est 3 groupes de 10 et encore 5 ; c'est 35.

2 Calcule comme Magibille. N'utilise les deux premières lignes que si tu en as besoin.

78 x 3 = ...   280 x 3 = ...
78 x 3 = ...   280 x 3 = ...
78 x 3 = ...   280 x 3 = ...

109 x 3 = ...   89 x 3 = ...
109 x 3 = ...   89 x 3 = ...
109 x 3 = ...   89 x 3 = ...

237 x 4 = ...   365 x 4 = ...
237 x 4 = ...   365 x 4 = ...
237 x 4 = ...   365 x 4 = ...

Lire l'heure : idem sq 93 pour quelques cas.
« N, c'est 3 fois combien ? » : idem sq 95, mais avec la table de 3.

1 La moitié d'un nombre, c'est ce qu'on obtient quand on le « partage » en deux parts égales. Jusqu'à 20, les élèves peuvent s'appuyer sur la connaissance des doubles. Pour 30, 40, 50..., on met à leur disposition une procédure empirique. Les cas quelconques > 20 (26, 32, 54...) seront abordés sq 99.

Les solides (3) : pavés et cubes

SÉQUENCE 97

Lire l'heure
Chercher la moitié

| La moitié de .... c'est .... | La moitié de .... c'est .... | La moitié de .... c'est .... |

1

a Construis le pavé dont le patron se trouve à la fin de ton fichier.
Compare ce pavé au cylindre et au tétraèdre que tu as déjà construits.

b Sur le pavé que tu viens de construire, mesure les trois dimensions demandées sur l'image en réduction.

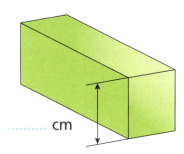
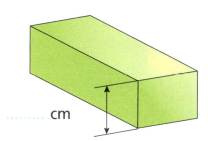
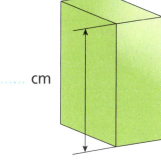

c Tu viens de mesurer 3 arêtes. Elles sont de longueurs différentes.
Peux-tu trouver une arête qui aurait une autre longueur que ces trois-là ?

d Prends ton équerre ou le calque avec le dessin d'un angle droit.
Cherche s'il existe des angles droits sur les faces de ce pavé.
Sur ton pavé, indique-les comme ceci :

J'ai appris : Un pavé dont toutes les faces sont des rectangles s'appelle un « pavé droit ».

 Ce pavé est droit. 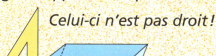 Celui-ci n'est pas droit !

2

a Le patron A est le même, en réduction, que celui que tu as utilisé.
En te rappelant les pliages que tu as faits, vérifie :
– que, lors du montage, les côtés colorés en bleu se joignent pour former une arête,
– que les côtés colorés en rouge se joignent pour former une autre arête.

Indique par d'autres couleurs les autres côtés qui se joignent lors du montage.

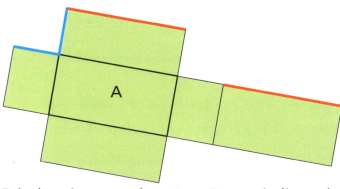
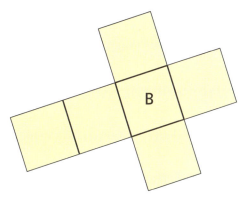

b Fais de même avec le patron B pour indiquer les côtés qui se joignent lors du montage.

c *Le patron B permet de former un pavé droit régulier qu'on appelle un* ....

Lire l'heure : idem sq 93 pour quelques cas.
Moitié d'un nombre : les cas sont ceux de la sq 96. Pour 30, 40, 50..., on incite les élèves à imaginer le partage des groupes de 10.

1 et **2** La comparaison avec le tétraèdre et le cylindre porte sur le nombre de faces, d'arêtes, de sommets et la forme des faces. Le fait que les 4 angles d'un rectangle sont droits sera réutilisé en sq 100. En 2, reconstitution mentale du passage d'un patron au solide et cas particulier du cube.

SÉQUENCE 98 — **Réversibilité de l'addition et de la soustraction**

Lire l'heure
... c'est 4 fois combien ?

...... c'est 4 fois .... c'est 4 fois .... c'est 4 fois ......

1

« Je pense à un nombre... Je lui retire... »   « Je pense à un nombre... Je lui ajoute... »

Je pense à un nombre et je le tape sur ma calculette.

Je lui retire 3. Je tape « – », « 3 » et « = ». J'obtiens...   *Je lui ajoute 5. Je tape « + », « 5 » et « = ». J'obtiens...*

18 — *Quel était le nombre de départ ?*   37 — *Quel était le nombre de départ ?*

Pour résoudre ce problème, Mathieu imagine un ascenseur qui descend.   Pour résoudre ce problème, Mathieu imagine un ascenseur qui monte.

Le nombre de départ était plus grand que 18. C'était...   *Le nombre de départ était plus petit que 37. C'était...*

2

Résous ces problèmes en faisant un schéma comme Mathieu.

Je pense à un nombre...

... je lui ajoute 6 et j'obtiens 21.

Le nombre de départ était : ....

Je pense à un nombre...

... je lui retire 4 et j'obtiens 16.

Le nombre de départ était : ....

3

Cherche le nombre de départ. Si tu n'es pas sûr(e), fais un schéma comme Mathieu.

Je pense à un nombre...

... je lui ajoute 8 et j'obtiens 54. Le nombre de départ était ....

... je lui retire 4 et j'obtiens 41. Le nombre de départ était ....

... je lui retire 5 et j'obtiens 12. Le nombre de départ était ....

... je lui ajoute 5 et j'obtiens 32. Le nombre de départ était ....

... je lui ajoute 6 et j'obtiens 45. Le nombre de départ était ....

Lire l'heure : idem sq 93.
« N, c'est 4 fois combien ? » : idem sq 95 et 96, mais avec la table de 4.

❶ à ❸ On aide les élèves de 2 façons. 1°) Avec un schéma qui évoque les situations de la sq 94 : retirer un nombre, c'est comme descendre avec l'ascenseur ; ajouter, c'est comme monter. 2°) En raisonnant sur la taille des nombres : pour «... je lui retire 3 et j'obtiens 18 », par ex., le nombre de départ (qu'on cherche) étant plus grand que le nombre d'arrivée (18), pour revenir au nombre de départ, il faut donc rajouter ce qui a été retiré (18 + 3).

Moitié d'un nombre (2) : nombres pairs < 100

SÉQUENCE 99

Je pense à un nombre... ○ ○ ○ ○ ○ ○ ○ ○

1

Tu vas chercher la moitié de nombres qui ne se terminent pas par zéro.

Observe l'exemple et continue.

34

34 = ... x 2

78

78 = ...

92

92 = ...

Cherche la moitié de ces autres nombres.
Si tu n'es pas sûr(e), dessine sur ton cahier.

La moitié de 64, c'est ...... car ....

La moitié de 56, c'est ...... car ....

La moitié de 72, c'est ...... car ....

La moitié de 48, c'est ...... car ....

La moitié de 54, c'est ...... car ....

La moitié de 66, c'est ...... car ....

La moitié de 96, c'est ...... car ....

J'ai appris : La moitié de 74, c'est la moitié de 70, **35** plus la moitié de 4, **2**.
La moitié de 74, c'est **37**.

2

Calcule comme Magibille... N'utilise les deux premières lignes que si tu en as besoin.

423 x 2 = ...   98 x 5 = ...
423 x 2 = ...   98 x 5 = ...
423 x 2 = ...   98 x 5 = ...

208 x 4 = ...   190 x 3 = ...
208 x 4 = ...   190 x 3 = ...
208 x 4 = ...   190 x 3 = ...

3

Imagine que l'encre ne soit pas sèche et qu'on plie suivant le trait rouge...

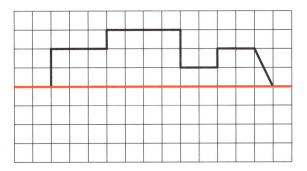 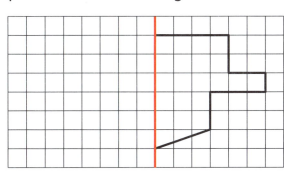

Je pense à un nombre : Les cas sont choisis pour faciliter les calculs et la compréhension. a) Le nombre de départ est < 50. b) L'enseignant retire ou ajoute n ≤ 6. c) Les cas où l'enseignant retire sont sans retenue. Par ex. : *je retire 4 et j'obtiens 23 ; je ret. 6 et j'obt. 31.* d) Les cas où il ajoute sont avec retenue : *j'aj. 3 et j'obt. 31 ; j'aj. 4 et j'obt. 23* (sans « passage de la dizaine » lors de l'ajout, de nombreux enfants trouveraient la solution sans faire une soustraction).

❶ Pour chercher la moitié de tels nombres, on partage successivement les groupes de 10 et les unités isolées.

SÉQUENCE 100

Les rectangles

Soustractions ◯ ◯ ◯ ◯ ◯ ◯ ◯ ◯

1 Parmi les quadrilatères ci-dessous, Couic-Couic a voulu faire la liste des rectangles.

Il a fait trois erreurs. Pour les chercher, utilise le calque sur lequel est tracé un angle droit et indique sur toutes les figures les angles droits comme ceci :

Liste des rectangles : *A, B, D, G, H, I*

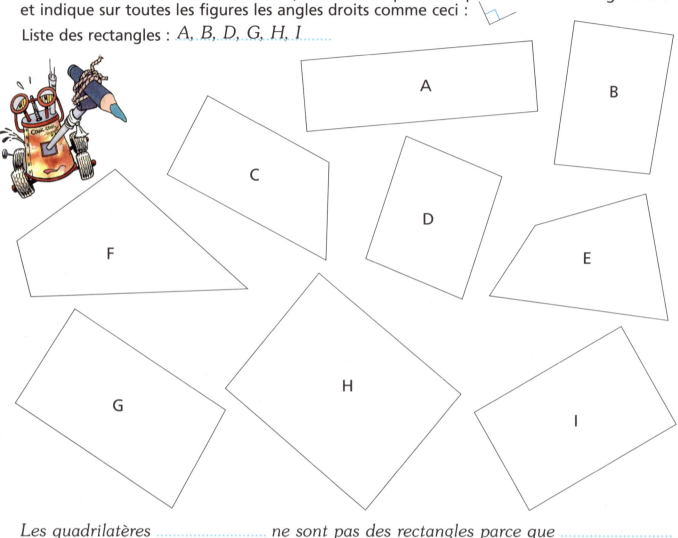

Les quadrilatères .... *ne sont pas des rectangles parce que* ....

3

JOUONS AU MÉMOTABLE

On joue à 2 ou 3 avec les 24 cartons de la fin du fichier.

But : Il faut gagner le plus grand nombre possible de cartons.

Règle : Les cartons sont étalés dans le désordre. La face visible est celle avec le mot « fois ».
À tour de rôle, chaque joueur choisit un carton et doit dire le résultat correspondant en l'énonçant complètement : « **quatre fois sept, vingt-huit** »,
par exemple (au début, on peut s'aider des tables incomplètes).

Pour vérifier, on retourne le carton :
– si le joueur a annoncé le bon résultat, il prend ce carton ;
– sinon, il passe son tour.

Soustractions : calculs du type $a - b$ pour $a < 20$ (par ex., 9 – 2, 12 – 4, 15 – 8,…), que les élèves devront mobiliser dans la sq 101.

1 Couic-Couic n'a pas utilisé d'instruments. Il considère comme des rectangles certains quadrilatères qui, perceptivement, ressemblent à cette figure. On se rappelle la propriété découverte dans la sq 97 (les rectangles ont 4 angles droits) et l'on détermine ces « faux rectangles » à l'aide du calque sur lequel figure un angle droit.

② Fais la liste des rectangles (utilise ton calque et indique tous les angles droits ainsi : ⌐).

Liste des rectangles : ....

Fais la liste des quadrilatères...

...qui n'ont pas d'angle droit : ....

...qui ont 1 angle droit : ....

...qui ont 2 angles droits : ....

...qui ont 3 angles droits : ....

④ Calcule comme Magibille. N'utilise les deux premières lignes que si tu en as besoin.

157 x 4 = ...   180 x 4 = ...

157 x 4 = ...   180 x 4 = ...

157 x 4 = ...   180 x 4 = ...

209 x 3 = ...   76 x 5 = ...

209 x 3 = ...   76 x 5 = ...

209 x 3 = ...   76 x 5 = ...

② La discussion amènera à considérer que la figure O, qui est un carré, est aussi un rectangle, car elle a 4 angles droits. D'un point de vue géométrique, les carrés sont des rectangles particuliers, des «rectangles réguliers». On remarquera en outre qu'aucun des quadrilatères n'a 3 angles droits (ou 3 seulement).

③ Introduction d'un jeu qui favorise la mémorisation des tables de 3 à 5. Il est bon de le proposer régulièrement jusqu'à la sq 105 où seront introduites les tables de 6 à 9.

SÉQUENCE 101

Calcul réfléchi de la soustraction : nombres > 100

Chercher la moitié

| La moitié de .... c'est .... | La moitié de .... c'est .... | La moitié de .... c'est .... |

1 Tu vas apprendre à calculer des soustractions

Il y a des soustractions faciles comme 587 − 324.

Vérifie le nombre de billes et termine le calcul (ne barre pas les billes, les boîtes, les valises).

587 − 324 = ...

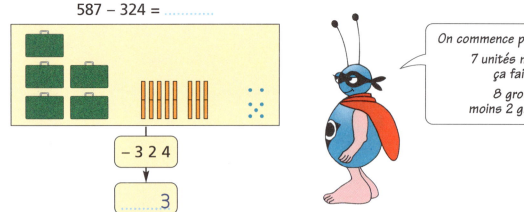

On commence par les unités isolées.
7 unités moins 4 unités, ça fait 3 unités.
8 groupes de 10 moins 2 groupes de 10…

2 Il y a des soustractions difficiles comme 463 − 329 car il faut dégrouper un groupe de 10.

463 − 329 = ...

Continue le calcul.

3 unités moins 9 unités, c'est impossible !
Je sors les billes d'une boîte et je jette la boîte vide…

3 Il y a des soustractions difficiles comme 318 − 176 car il faut dégrouper un groupe de 100.

318 − 176 = ...

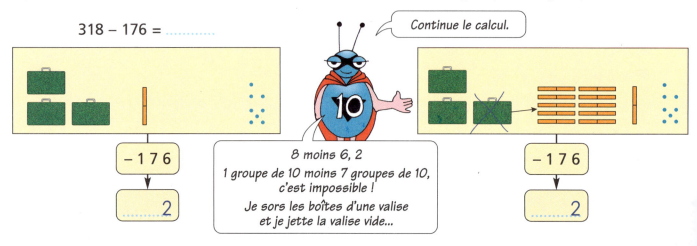

Continue le calcul.

8 moins 6, 2
1 groupe de 10 moins 7 groupes de 10, c'est impossible !
Je sors les boîtes d'une valise et je jette la valise vide…

Moitié d'un nombre : idem sq 97 en étendant aux cas abordés en sq 99. Les élèves que cela aide peuvent dessiner.

1 Le grand nombre est représenté avec le matériel de numération et on s'appuie sur un scénario de retrait : si Picbi a 587 billes et s'il en donne 324, combien en restera-t-il ? La valeur du retrait ainsi que le résultat sont écrits en chiffres. Il n'y aura pas, dans le fichier, de leçons invitant les élèves à calculer une soustraction sans dessiner les valises, les boîtes et les billes. Si le niveau des élèves le permet, il est très facile d'inventer la leçon correspondante

| La moitié de .... c'est .... | La moitié de .... c'est .... | La moitié de .... c'est .... | La moitié de .... c'est .... |

avec des nombres plus grands que 100.

On a commencé ce calcul en dessinant les valises, les boîtes et les billes. Termine-le.

643 − 412 = ...

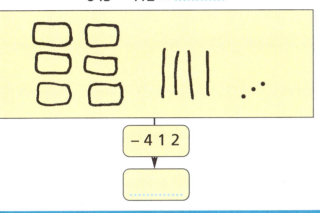

Calcule en dessinant les valises, les boîtes…

367 − 162 = ...

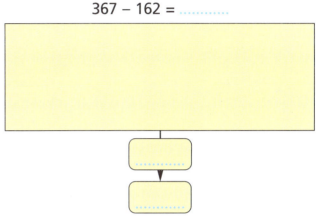

Calcule en dessinant les valises, les boîtes et les billes.

485 − 136 = ...

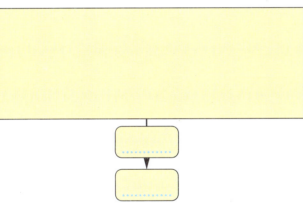

354 − 229 = ...

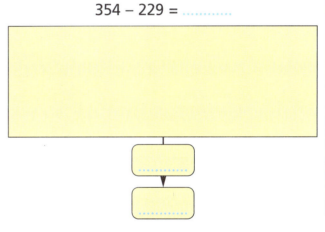

Calcule en dessinant les valises, les boîtes et les billes.

426 − 260 = ...

419 − 352 = ...

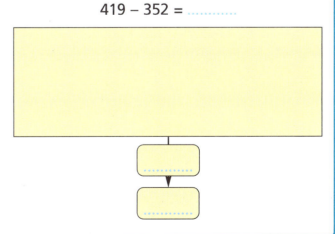

▷ sur le modèle de la sq 58 pour l'addition en colonnes. **Remarque :** dans ces cas sans retenue, on évite de barrer les boîtes et les valises, car cette procédure sera utilisée dans les cas avec retenues pour exprimer la transformation d'une dizaine en 10 unités et celle d'une centaine en 10 dizaines (cf. 2 et 3).

❷ et ❸ Cas où il faut ouvrir une boîte pour effectuer le calcul sur les billes isolées. On doit alors se rappeler que cette boîte ne fait plus partie du stock initial. C'est pourquoi « on la jette ». Même raisonnement lorsqu'on ouvre une valise.

SÉQUENCE 102

ARP Atelier de Résolution de Problèmes

Je pense à un nombre... ○ ○ ○ ○ ○ ○ ○ ○

① Voici l'emploi du temps de Mathilde le lundi. Complète les phrases et place les aiguilles.

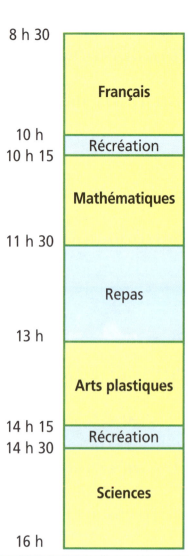

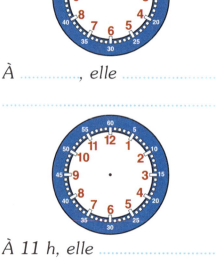

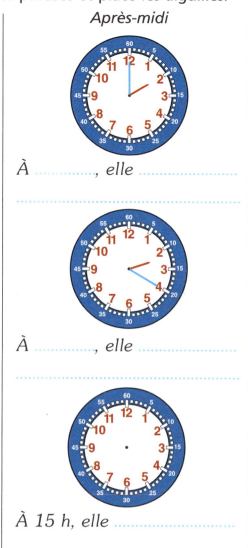

Matin — *Après-midi*

À ...., Mathilde entre en classe.

À ...., elle ....

À ...., elle ....

À ...., elle ....

À 11 h, elle ....

À 15 h, elle ....

② Écris une ou plusieurs questions pour ce problème.
Réponds à ces questions (tu peux calculer ou faire des schémas sur ton cahier).

Mme Carnot est chez un marchand de vêtements. Elle a seulement un billet de 50 €. Elle est intéressée par un pantalon à 37 € et par un pull à 25 €.

Question(s) : ....

Réponse(s) : ....

Je pense à un nombre : idem sq 99. On peut inciter les élèves à s'affranchir de l'évocation de l'ascenseur en proposant un schéma horizontal.

① Lecture d'un emploi du temps. Il faut notamment comprendre qu'on peut savoir ce que fait Mathilde à 11 h par ex., bien que cet horaire n'apparaisse pas dans l'emploi du temps.

② De nombreuses questions sont possibles. Parmi les moins évidentes : *combien lui rendrait-on si elle n'achetait que l'un ou l'autre des vêtements ? Quelle est la différence de prix entre les 2 vêtements ?*

Atelier de Résolution de Problèmes ARP

SÉQUENCE 103

Chercher la moitié

| La moitié de .... c'est .... | La moitié de .... c'est .... | La moitié de .... c'est .... |

1 Voici une consigne de construction géométrique :

a Trace un triangle.

b Trace un cercle à l'intérieur de ce triangle.

c Place un point à l'extérieur du triangle et trace le trait qui relie ce point et le centre du cercle.

Sébastien, Mélanie et Cécile ont fait ce travail.
Entoure la ou les constructions correctes puis complète.

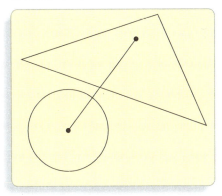
Sébastien

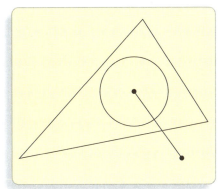
Mélanie

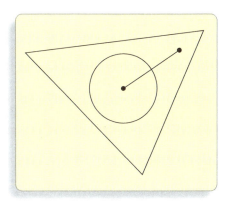
Cécile

La construction de .... est fausse car ....

La construction de .... est fausse car ....

2 Problèmes à résoudre sur le cahier

Réponds (tu peux faire un schéma, écrire une égalité ou expliquer ta solution).

1 ▶ Un camion transporte 82 sacs de 10 kg de farine. 4 de ces sacs tombent sur la route.

Combien de sacs y a-t-il encore dans le camion ?

2 ▶ Un confiseur a vendu 52 poules en chocolat à 4 € l'une.

Combien d'argent lui a rapporté la vente de ces poules en chocolat ?

3 ▶ Combien de paquets de 5 stylos peut-on faire avec 32 stylos ?

4 ▶ Dans le congélateur d'un magasin, il y a 63 glaces. 8 de ces glaces sont au citron. Les autres sont à la vanille.

Combien y a-t-il de glaces à la vanille ?

5 ▶ Juliette achète un paquet de gâteaux. Elle l'ouvre et mange 7 gâteaux. Maintenant, dans le paquet, il y a encore 43 gâteaux.

Combien de gâteaux y avait-il dans le paquet quand Juliette l'a acheté ?

Moitié d'un nombre : idem sq 101.

1 Évaluer trois constructions géométriques (utilisation des termes « intérieur » et « extérieur »). Une façon de retrouver les erreurs et de les interpréter consiste à tracer la construction demandée.

2 On apprécie tout aussi positivement une résolution par un schéma ou par une égalité.

SÉQUENCE 104 — **Milieu d'un trait droit**

Soustractions

1 Ces deux fourmis, la noire et la rouge, partent du point P.
La noire va vers le point A, la rouge va vers le point B.

Parcourront-elles la même distance ? ....

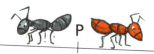

A ├──────────────────────────────────P──────────────────────────────┤ B

2 Place le point M sur le trait CD
pour que M soit à égale distance de C et de D.

D

C

▶ Comment as-tu fait pour trouver l'emplacement du point M ? ....
....

▶ Comment s'appelle le point qui est à égale distance des deux extrémités d'un trait ?
....

4 Calcule en dessinant les valises, les boîtes et les billes.

448 − 213 = ...   372 − 238 = ...

5 Calcule comme Magibille. N'utilise les deux premières lignes que si tu en as besoin.

107 x 3 = ...   69 x 5 = ...
107 x 3 = ...   69 x 5 = ...
107 x 3 = ...   69 x 5 = ...

Soustractions : idem sq 100.
① et ② La situation 1 permet de comprendre le problème posé en 2 : où mettre M pour que des fourmis partant de M parcourent la même distance ? En posant leur double décimètre pour mesurer CM, les élèves peuvent prendre conscience que cette longueur CM est la moitié de CD. Le sens géométrique du mot « milieu » sera précisé : être *au milieu de C et D*, ce n'est pas seulement être *entre C et D*.

3

a Place le point J, milieu du trait EF.
Place le point K, milieu du trait FG.
Place le point L, milieu du trait EG.

b Trace le triangle KLJ.

c Complète les tableaux de mesures.

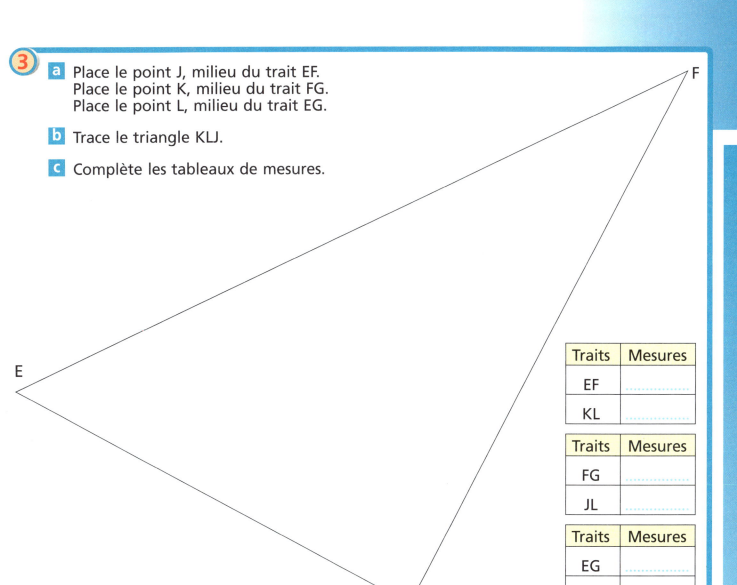

Traits	Mesures
EF	
KL	

Traits	Mesures
FG	
JL	

Traits	Mesures
EG	
JK	

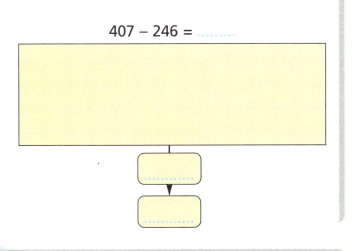

407 − 246 = ...

286 x 3 = ...
286 x 3 = ...
286 x 3 = ...

6

Jeu du nombre Mystérieux

Si nécessaire, calcule sur ton cahier.

156 + 320 = ...
47 + 379 = ...
458 + 8 = ...
343 + 87 = ...
282 + 198 = ...

46 x 10 = ...
70 x 6 = ...
109 x 4 = ...

420 **426**
430 **436**
460 **466**
470 **476**
480

Le nombre mystérieux :

3 Utilisation de l'expression « milieu d'un trait » dans une construction. On fera remarquer que la longueur de KL est la moitié de celle de EF, celle de JL est la moitié de celle de FG, etc.

SÉQUENCE 105 — Les tables de multiplication de 6 à 9 : découverte

| … c'est 5 fois combien ? | ...... c'est 5 fois ...... | ...... c'est 5 fois ...... | ...... c'est 5 fois ...... |

1 Entoure les boules sur le boulier et complète chaque table de multiplication.

6 fois 1   6 fois 2   6 fois 3   6 fois 4   6 fois 5

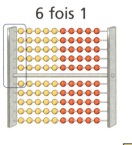 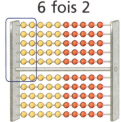  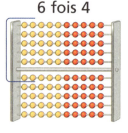 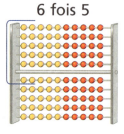

6 fois 1	6 fois 2	6 fois 3	6 fois 4	6 fois 5
....	....	....	....	....
Table de 6					
6 fois 6	6 fois 7	6 fois 8	6 fois 9	6 fois 10
....	....	....	....	....

6 fois 6   6 fois 7   6 fois 8   6 fois 9   6 fois 10

 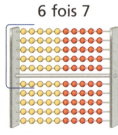 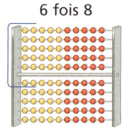 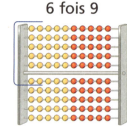 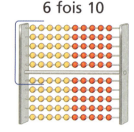

7 fois 1   7 fois 2   7 fois 3   7 fois 4   7 fois 5

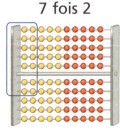 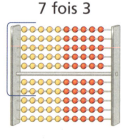 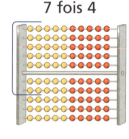 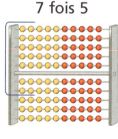

7 fois 1	7 fois 2	7 fois 3	7 fois 4	7 fois 5
....	....	....	....	....
Table de 7					
7 fois 6	7 fois 7	7 fois 8	7 fois 9	7 fois 10
....	....	....	....	....

7 fois 6   7 fois 7   7 fois 8   7 fois 9   7 fois 10

 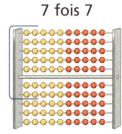 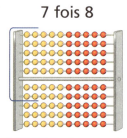 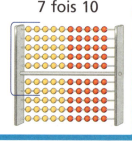

« N, c'est 5 fois combien ? » : idem sq 95.

1 Quand les élèves ont complété la table de 6, on fait formuler que : 1°) les résultats vont de 6 en 6 ; 2°) pour la première ligne de cette table, les résultats sont déjà connus (6 fois 3 est égal à 3 fois 6, etc.) ; 3°) pour la seconde ligne, 6 fois 6, c'est juste après 30, c'est 36 ; 6 fois 9, c'est juste avant 60, c'est 54. On fait de même pour la table de 7.

2 Tu peux compléter la table de 8, de 8 fois 1 à 8 fois 5, sans le boulier. *Sais-tu pourquoi ?*
Pour compléter la seconde ligne, entoure les boules sur le boulier.

8 fois 1	8 fois 2	8 fois 3	8 fois 4	8 fois 5
....	....	....	....	....
Table de 8				
8 fois 6	8 fois 7	8 fois 8	8 fois 9	8 fois 10
....	....	....	....	....

8 fois 6   8 fois 7   8 fois 8   8 fois 9   8 fois 10

 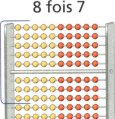  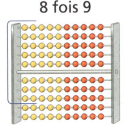 

9 fois 1	9 fois 2	9 fois 3	9 fois 4	9 fois 5
....	....	....	....	....
Table de 9				
9 fois 6	9 fois 7	9 fois 8	9 fois 9	9 fois 10
....	....	....	....	....

9 fois 6   9 fois 7   9 fois 8   9 fois 9   9 fois 10

 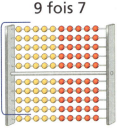 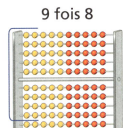  

J'ai appris : Dans la table de 6, les nombres vont de 6 en 6.
Dans cette table, je connais déjà 6 fois 3 (c'est égal à 3 fois 6).
Je connais aussi 6 fois 4 (c'est égal à 4 fois 6).

3 Calcule en dessinant les valises, les boîtes et les billes.

318 − 225 = ...   263 − 95 = ...

2 Avant de compléter chaque table, on fait anticiper les produits de la 1ʳᵉ ligne. À la fin de cette activité, on peut proposer une interrogation en insistant sur la 1ʳᵉ ligne de chacune de ces 4 tables et sur leurs 6ᵉ et 9ᵉ cases. On ferme le fichier et on poursuit l'interrogation (sur ardoise).

SÉQUENCE 106 — Numération décimale : 1000, c'est 10 groupes de 100 ou 100 group...

Tables de 6 à 9 — Numération

10 x ...... = ...   10 x ...... = ...   10 x ...... = ...   10 x ...... = ...

1 Prends ton compteur en carton et complète.

Sur un compteur.   Combien de groupes de 100 ?   Combien de groupes de 10 ?

9 groupes de 100

Picbille et Dédé ont 1 bille de plus.
Quand ils ont 10 valises de 100 billes, ils les mettent dans une caisse de 1000 billes et ils ferment le couvercle. Colle les couvercles des valises puis celui de la caisse et complète.

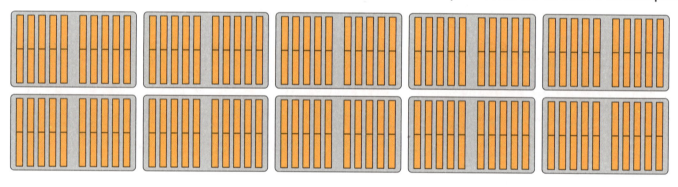

Sur un compteur.   Combien de groupes de 100 ?   Combien de groupes de 10 ?

Picbille et Dédé ont 1 bille de plus. Colle le couvercle de la caisse et complète.

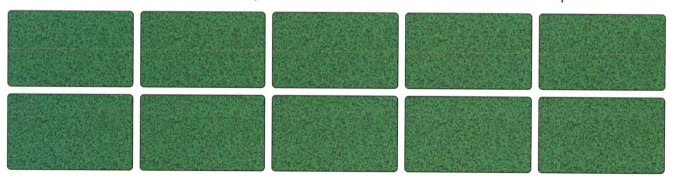

Sur un compteur.   Combien de groupes de 100 ?   Combien de groupes de 10 ?

Tables de 6 à 9 : cas de la 1re ligne et des 6e et 9e cases de ces tables (cf. sq 105).
Numération : idem sq 77 (interrogation sur le fichier seulement).

1 et **2** Introduction de la caisse de 1000 billes pour matérialiser l'apparition de ce nouveau groupement et d'un quatrième chiffre. Après 1009 (activité 2), il arrive que des élèves affichent 2000 (ou 1100) sur le compteur. Pour les aider, on dessine au tableau les collections de billes correspondant à leur erreur.

de 10 ; 1100, c'est 11 groupes de 100 ou 110 groupes de 10, etc.

② Imagine que Picbille et Dédé ont maintenant 1 004 billes et ajoutent des billes une à une. Écris la suite de nombres qui apparaissent sur le compteur et décris les collections de billes.

| 1 | 0 | 0 | 4 |

Picbille et Dédé ont 1 bille de plus. Colle le couvercle de la caisse et complète.

Sur un compteur.   Combien de groupes de 100 ?   Combien de groupes de 10 ?

Sur un compteur.   Combien de groupes de 100 ?   Combien de groupes de 10 ?

③ Imagine que Picbille et Dédé ont déjà 1 097 billes… et qu'ils ajoutent des billes une à une. Pour chaque nombre, décris la collection de billes (combien de groupes de 100 et de 10 ?).

| 1 | 0 | 9 | 7 |

Fais de même en imaginant que Picbille et Dédé ont déjà 1 196 billes…

| 1 | 1 | 9 | 6 |

Fais de même en imaginant que Picbille et Dédé ont déjà 1 298 billes…

| 1 | 2 | 9 | 8 |

J'ai appris : Quand Picbille a 1 285 billes, il ne voit plus les 12 groupes de 100, mais, avec les chiffres, on continue à les voir : **1285** ↑ groupes de 100

Il ne voit plus les 128 groupes de 10, mais… : **1285** ↑ groupes de 10

▷ Il est bon de poursuivre ainsi un peu au-delà de 1011 (on franchit 1020, puis 1030).

❸ Dans la numération orale, 1100, 1200, etc. se disent le plus souvent « mille cent », « mille deux cents », (plus rarement « onze cents », « douze cents », etc.). On met ici l'accent sur ces dernières décompositions : la situation de masquage aide à les concevoir et elles peuvent être retrouvées dans l'écriture chiffrée.

147

SÉQUENCE 107 — Le millier (suite) : le kilogramme et le kilomètre

Je pense à un nombre...
Numération

100 x .... = ...   100 x .... = ...   100 x .... = ...

1 Cette bouteille de 1 litre d'eau pèse 1000 g. On dit aussi 1 kilogramme (1 kg).
Entoure le nombre de trombones de 1 g qui permettent de réaliser l'équilibre.

J'ai appris : 1 kg, c'est lourd comme 1000 grammes, c'est lourd comme 1 litre d'eau.

Imagine les pesées et barre les masses impossibles.

Un élève de CE1   Un bébé   Un dictionnaire   Un cartable

300 g   400 g   15 g   200 g
3 kg   4 kg   1 kg 500 g   2 kg
30 kg   40 kg   15 kg   20 kg

2 Observe.

Je viens de faire 1000 pas qui mesurent tous 1 m.

Depuis son point de départ, quelle distance ce marcheur a-t-il parcourue ? ....
Sais-tu comment on appelle le plus souvent cette longueur ? ....

J'ai appris : 1 kilomètre (1 km), c'est long comme 1000 mètres.

Quels sont les lieux qui se trouvent à 1 km environ de ton école ?
(Pour t'aider, tu peux chercher d'abord ceux qui sont à 100 m environ de ton école.)

Je pense à un nombre : idem sq 99. **Numération** : idem sq 77 mais on représente au tableau, avec des caisses et des valises, des collections > 1000, jusqu'à 3000 environ (les nombres correspondants se terminent par 00). Il faut écrire la multiplication qui exprime le nombre de groupes de 100 et le nombre total.

❶ et ❷ Introduction du kilogramme comme 1000 grammes et du kilomètre comme 1000 mètres.

Ordonner des nombres (2) : nombres à 3 et 4 chiffres

SÉQUENCE 108

Moitié de…			
… c'est 3 fois combien ?	…… c'est 3 fois ……	…… c'est 3 fois ……	…… c'est 3 fois ……

1) Range ces nombres du plus petit au plus grand.

| 1840 | 1084 | 840 | 1048 | 4 810 | 1 480 |

| | | | | | |

Les 3 nombres ci-dessous ont été rangés du plus petit au plus grand, mais il reste des cases vides :

| | | 1069 | | | 1485 | | 2540 | |

Complète les cases en plaçant les nombres : 1307, 3710, 731, 1037, 1730 et 1073.

2) Jeu du palet : On lance 4 palets.
Le total des points doit être égal à 100.
Observe l'exemple (on n'écrit pas les 0).
Trouve trois autres façons de gagner.

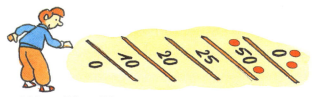

100 = 50 + 50

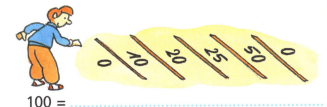

100 = ...

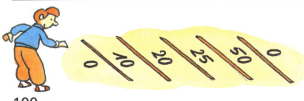

100 = ...

100 = ...

3) Le total des points doit être égal à 1000.

1000 = ...

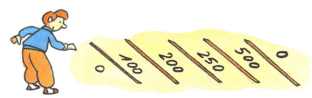

1000 = ...

1000 = ...

1000 = ...

Chercher la moitié d'un nombre : idem sq 101.
« N, c'est 3 fois combien ? » : idem sq 95.

1 Les tâches sont les mêmes que dans la sq 67, mais avec des nombres à 3 et à 4 chiffres.

2 et 3 Chercher les décompositions de 100 en quatre nombres ou moins, à l'aide des nombres 50, 25, 20 et 10. En 3, même tâche avec 1000 que l'on décompose à l'aide de 500, 250, 200 et 100.

SÉQUENCE 109 — Les carrés

Moitié de…

… c'est 4 fois combien ?

| ...... c'est 4 fois ...... | ...... c'est 4 fois ...... | ...... c'est 4 fois ...... |

---

1 Couic-Couic s'est trompé dans chacun des trois tracés demandés ci-dessous. Cherche ses erreurs.

a Relie à la règle 4 de ces points pour former un carré.

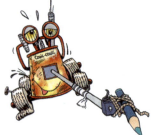

b Avec un crayon bleu, termine de tracer un carré.

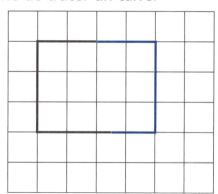

c Avec un crayon bleu, termine de tracer un carré.

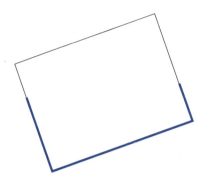

2 **a** Relie à la règle 4 de ces points pour former un carré.

b Termine de tracer un carré.

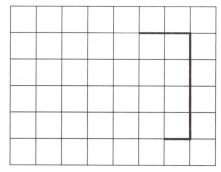

c Termine de tracer un carré.

Chercher la moitié d'un nombre : idem sq 100.
« N, c'est 4 fois combien ? » : idem sq 98.

1 Couic-Couic ne différencie pas les « vrais » carrés des quadrilatères qui ressemblent à des carrés. L'analyse de ses erreurs conduit à définir le carré comme un quadrilatère dont tous les angles sont droits (cf. tâche **a**) et dont les quatre côtés sont de même longueur (cf. tâches **b** et **c**). C'est donc un rectangle particulier.

La calculette

SÉQUENCE 110

Tables de 6 à 9
Additions

1

a Calcule ces opérations « à la main », puis vérifie tes calculs avec la calculette.

	248 + 359	675 + 248	265 x 3	809 − 272
Mes résultats « à la main »				
Ceux de la calculette				

b Mets-toi avec un(e) camarade. L'un(e) calcule avec la machine, l'autre sans.
Qui va le plus vite pour effectuer ces calculs ?

60 x 4 = ...   30 + 20 + 50 + 80 = ...   8 + 2 + 6 + 4 = ...

5 + 5 + 10 + 9 + 1 + 7 = ...   203 x 3 = ...   612 − 400 = ...

Même activité en échangeant les rôles.

3 x 70 = ...   3 + 7 + 1 + 9 = ...   405 x 2 = ...

8 + 2 + 10 + 5 + 5 + 6 = ...   60 + 40 + 100 + 29 = ...   876 − 300 = ...

2

a Relie 4 points pour former un carré.

b Termine de tracer un carré.

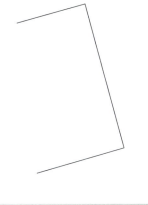

3

Calcule en dessinant les valises, les boîtes…

409 − 247 = ...

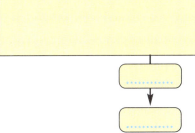

361 − 287 = ...

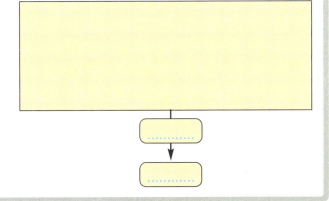

Tables de 6 à 9 : idem sq 106. **Additions** : cas comme 132 + 5, 327 + 6, 430 + 50, 280 + 40, 145 + 35 et 518 + 25 (les additions sont proposées par écrit au tableau).

1 Vérifier avec une calculette des calculs faits « à la main ». Un écart éventuel entre les résultats des deux calculs peut toutefois provenir d'une erreur de « frappe ». En **b**, on comprend que la calculette n'est pas toujours le moyen le plus rapide de calculer.

SÉQUENCE 111 — Les compléments à 100

Tables de 6 à 9
Additions

① LE JEU DES COMPLÉMENTS À 100

Règle : Ce jeu se joue à deux joueurs sur un seul fichier (celui du joueur A).
L'un calcule, l'autre contrôle. Après chaque calcul, on inverse les rôles.

Le joueur qui calcule complète l'égalité « à la main », puis vérifie avec la calculette.
– Si la calculette confirme le résultat, dans la case ☐, il écrit « V » pour « vrai ».
– Sinon, il écrit « F » pour « faux ».
Le joueur qui a le plus de « V » a gagné.

	Joueur A :	Joueur B : ....
Partie n°1	90 + ... = 100 ☐	70 + ... = 100 ☐
Partie n°2	40 + ... = 100 ☐	20 + ... = 100 ☐
Partie n°3	78 + ... = 100 ☐	48 + ... = 100 ☐
Partie n°4	25 + ... = 100 ☐	37 + ... = 100 ☐
Partie n°5	56 + ... = 100 ☐	65 + ... = 100 ☐
Partie n°6	81 + ... = 100 ☐	16 + ... = 100 ☐
Partie n°7	13 + ... = 100 ☐	72 + ... = 100 ☐

②
Même activité en utilisant le fichier du joueur B et en échangeant les colonnes.
On n'utilise la calculette qu'en cas de contestation.

J'ai appris : 37 + ... = 100
Le complément à 100 de 37, c'est moins de 70, c'est soixante… trois.

③ Jeu du nombre Mystérieux

Si nécessaire, calcule sur ton cahier.

250 × 2 = ...   189 + 176 + 69 = ...
10 × 44 = ...   420 + 70 = ...
235 × 2 = ...   30 + 434 = ...
160 × 3 = ...   7 + 477 = ...
5 × 80 = ...   246 + 208 = ...
111 × 4 = ...   289 + 185 = ...

400   434   440
444   454   460   464
470   474   480
484   490
500

Le nombre mystérieux :

Tables de 6 à 9 : idem sq 106.
Additions : idem sq 110.

❶ Dans la recherche d'un complément à 100 tel que 43 + ... = 100, les élèves répondent souvent 67. Ils raisonnent séparément sur les dizaines et les unités en cherchant le complément de 40 à 100, puis le complément de 3 à 10. Ce jeu est l'occasion de prendre conscience de cette erreur et de dégager une stratégie : « *60, c'est trop parce que ça ferait plus de 100 ; c'est donc cinquante… sept.* »

La multiplication en colonnes par un nombre à 1 chiffre

SÉQUENCE 112

Compléments à 100	◯ ◯ ◯ ◯ ◯ ◯ ◯ ◯
Additions	

❶ La fée Magibille et Mathilde calculent 128 × 3

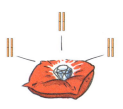

Calcule en écrivant les parenthèses.

128 × 3 = ...
128 × 3 = ...
128 × 3 = ...

Mathilde pose et calcule une multiplication en colonnes. Observe et termine son calcul.

Je vais multiplier par 3 les unités isolées, puis les groupes de 10, puis le groupe de 100.

```
  1 2 8
×     3
———————
```

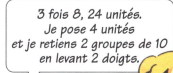

3 fois 8, 24 unités. Je pose 4 unités et je retiens 2 groupes de 10 en levant 2 doigts.

```
  1 2 8
×     3
———————
      4
```

3 fois 2 groupes de 10, 6 groupes de 10 et 2 de retenue, 8 groupes de 10.

```
  1 2 8
×     3
———————
    8 4
```

3 fois 1 groupe de 100…

```
  1 2 8
×     3
———————
    8 4
```

❷ Calcule en colonnes, puis vérifie en lignes.

```
  2 1 7        1 8 6
×     4      ×     5
———————      ———————
```

217 × 4 = ...
217 × 4 = ...
217 × 4 = ...

186 × 5 = ...
186 × 5 = ...
186 × 5 = ...

Ne calcule en colonnes que si nécessaire.

208 × 3 = ...   190 × 5 = ...
215 × 4 = ...   87 × 5 = ...

Compléments à 100 : l'enseignant dit un nombre < 100, les élèves doivent écrire le complément à 100. **Additions** : idem sq 110.

❶ et ❷ En colonnes, on raisonne comme en lignes, mais on commence par les unités isolées. Le fait d'utiliser les expressions «unités isolées», «groupes de 10», etc. aide les élèves à faire le lien entre les deux techniques. Les retenues sont marquées d'emblée sur les doigts, car cela facilite le calcul.

SÉQUENCE 113

ARP Atelier de Résolution de Problèmes

Compléments à 100

Je pense à un nombre...

◯ ◯ ◯ ◯ ◯ ◯ ◯ ◯

① Voici des cartes documentaires. Complète le tableau et réponds aux questions.

Dauphin
Genre : mammifère
Taille : 4 m
Poids : 160 kg
Durée de vie : 32 ans

Crocodile du Nil
Genre : reptile
Taille : 6 m
Poids : 550 kg
Durée de vie : 80 ans

Autruche
Genre : oiseau
Taille : 2 m 75 cm
Poids : 150 kg
Durée de vie : 68 ans

Girafe tachetée
Genre : mammifère
Taille : 5 m 50 cm
Poids : 500 kg
Durée de vie : 25 ans

Thon rouge
Genre : poisson
Taille : 3 m
Poids : 750 kg
Durée de vie : 20 ans

	Genre	Durée de vie	Poids	Taille
Thon				
Autruche				
Crocodile				
Girafe				
Dauphin				

Quel est l'animal qui peut vivre le plus longtemps ? ....

Range ces animaux du plus lourd au plus léger : ....

....

Range ces animaux du plus petit au plus grand : ....

....

② Écris une ou plusieurs questions pour ce problème.
Réponds à ces questions (tu peux calculer ou faire des schémas sur ton cahier).

*Mme Lefort collectionne les points-cadeaux d'une station-service. Elle a 63 points.
Voici les cadeaux qui l'intéressent :
un verre = 10 points ; une assiette = 20 points ; un plat = 100 points.*

Question(s) : ....

....

....

Réponse(s) : ....

....

....

Compléments à 100 : idem sq 112.
Je pense à un nombre : idem sq 102.

① Remplir un tableau à double entrée et ranger des grandeurs par ordre décroissant ou croissant.

② Ces données rendent possibles un très grand nombre de questions.

Atelier de Résolution de Problèmes **ARP**

SÉQUENCE 114

Soustractions ○ ○ ○ ○ ○ ○ ○ ○

①

Problème : La SNCF doit transporter 64 voitures neuves sur des wagons spéciaux.
Chaque wagon peut emporter 10 voitures.
Combien faudra-t-il de wagons ?

Voici les solutions de Sébastien, Mélanie et Cécile.

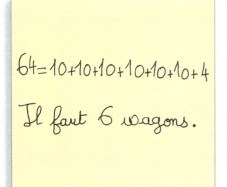

Sébastien

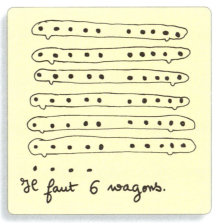

Mélanie

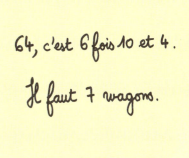

Cécile

Entoure la ou les bonnes solutions.
Pourquoi la ou les autres ne conviennent-elles pas ?

②

Problèmes à résoudre sur le cahier

Réponds (tu peux faire un schéma, écrire une égalité ou expliquer ta solution).

1 ▶ Le cuisinier d'un collège a décongelé 125 steaks hachés. Mais ce jour-là, il n'y a que 97 élèves qui mangent à la cantine.

Combien de steaks hachés y a-t-il en trop ?

2 ▶ Une école a besoin de 86 cahiers. Le libraire vend les cahiers par paquets de 20.

Combien de paquets de 20 cahiers l'école doit-elle commander ?

3 ▶ Dans un parc, il y avait 231 arbres. Une tempête a abattu 4 arbres.

Combien d'arbres sont encore debout ?

4 ▶ Un club sportif achète 4 vélos à 132 € le vélo.

Combien coûtera cet achat ?

5 ▶ Un camion va de Lille à Paris. Il a déjà parcouru 136 km. Il lui reste 85 km à parcourir.

Quelle est la distance entre Lille et Paris ?

Soustractions : calculs de *a – b* « en avançant ». On insiste sur les cas du type 100 – *n* et 103 – *n* où l'on réinvestit les connaissances acquises dans le calcul des compléments à 100.

① Évaluer 3 solutions d'un même problème. On peut faciliter l'explication des deux erreurs ainsi : *« Leur solution conviendrait si le problème était… ».*

② On apprécie tout aussi positivement une résolution par un schéma ou par une égalité.

155

SÉQUENCE 115

Bilan terminal de la quatrième période

1 Calcule (ne pose ces additions sur une feuille que si c'est nécessaire).

230 + 60 = ...   468 + 20 = ...   154 + 287 = ...   9 + 327 = ...

518 + 230 = ...   638 + 82 = ...   625 + 103 = ...   367 + 205 = ...

2 Calcule.

246 x 3 = ...   67 x 5 = ...

246 x 3 = ...   67 x 5 = ...

246 x 3 = ...   67 x 5 = ...

3 Calcule.

76 – 65 = ...   64 – 8 = ...   100 – 83 = ...   82 – 5 = ...   107 – 10 = ...

4 Calcule en dessinant les valises, les boîtes et les billes.

465 – 158 = ...   341 – 76 = ...

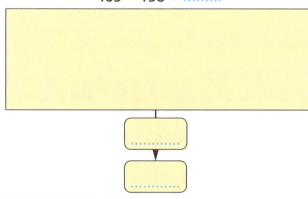
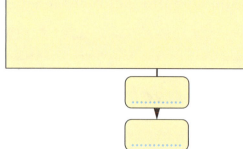

5 *Problèmes à résoudre sur le cahier*

Réponds (tu peux faire un schéma, écrire une égalité ou expliquer ta solution).

1 ▶ Sur un bateau, il y a deux cordes. L'une est longue de 53 m. L'autre est longue de 8 m.
Quelle est la différence de longueur entre ces deux cordes ?

2 ▶ 3 enfants se partagent en parts égales un paquet de 60 images.
Combien d'images aura chacun ?

3 ▶ Un club sportif achète 67 boîtes de 4 balles de ping-pong.
Combien de balles achète-t-il ?

4 ▶ M. Reboul paie ses courses. Il doit donner 82 € à la caissière. Il n'a que des billets de 10 €.
Combien de billets de 10 € doit-il donner à la caissière ? Combien lui rendra-t-elle d'argent ?

Dictée : nombres < 1000 (plusieurs nombres ont un zéro aux dizaines).
Bilan : on trouve un bilan analogue avec d'autres données numériques dans le Livre du maître.

Activités avec la *Planche des nombres comme Picbille et Dédé*

Remarque préalable
Pour ces activités, il n'est pas nécessaire d'isoler les deux pages de la planche. Elles peuvent être utilisées en restant au sein du fichier.

1 Découverte de la planche
Ce support est utilisé pour la première fois au CE1 lors de la séquence 11 (les élèves qui ont utilisé *J'apprends les maths-CP* le connaissent déjà).

Il convient tout d'abord d'amener les élèves à **comprendre l'organisation** de cette planche. C'est une suite de 10 bandes numériques de 10 cases, de 1 à 10, de 11 à 20, etc. jusqu'à 100. Dans chaque case, on observe le nombre écrit dans un nuage et une collection de billes qui correspond à ce nombre.

On peut ensuite explorer cette planche case après case sur quelques segments de la suite numérique (par ex., de 7 à 13, de 17 à 23, de 27 à 33, etc.) en commentant à chaque fois la **correspondance entre le nombre écrit et la quantité de billes correspondante** : « trente-deux », c'est 3 groupes de 10 (ou 3 dizaines) et 2 unités isolées ; il y a 3 boîtes de 10 billes et 2 billes isolées ; ce nombre s'écrit avec un 3 qui dit le nombre de groupes de 10 et un 2 qui dit le nombre d'unités isolées…

On s'attarde surtout aux passages de 10, 20, 30, etc., ce qui amène à rappeler la règle de formation des collections de billes : on ne voit apparaître une nouvelle boîte de 10 billes que lorsqu'on peut la remplir (ou encore, il n'y a jamais plus de 9 billes isolées).

2 Le « Jeu de la planche cachée »
Pour ce jeu, les élèves sont munis de leur ardoise qu'ils posent sur leur planche **de façon à masquer les cases** sur lesquelles ils vont être interrogés. En effet, leur tâche est d'**anticiper ce qu'on voit** dans une case demandée oralement par l'enseignant :

– ils écrivent sur l'ardoise (en chiffres évidemment) le nombre demandé ;

– ils dessinent les boîtes et les billes (par exemple des grands traits pour les boîtes de 10 billes et des points organisés comme Dédé pour les billes isolées).

Ce n'est qu'ensuite qu'ils sont invités à vérifier ce qu'ils ont produit en soulevant leur ardoise et en observant la case du nombre demandé (la planche sert ainsi de support autocorrectif). Là encore, on commente ainsi : « quarante-sept », c'est 4 groupes de 10 et 7 unités isolées ; ce nombre s'écrit avec un 4 qui dit le nombre de groupes de 10 et un 7 qui dit le nombre d'unités isolées…

3 Le « Jeu du furet à l'envers de 1 en 1 »
Ce jeu est introduit dans la séquence 15. À partir d'un nombre annoncé par l'enseignant, les élèves effectuent une suite de retraits d'une unité ou un compte à rebours. Pratiquement, l'activité se déroule de la manière suivante. Le maître désigne l'un après l'autre des élèves au hasard. Par exemple :
– *Théo, quel est le nombre juste avant 32 ?*
– *Trente et un, 3 groupes de 10 et 1.*
– *Clara, quel est le nombre juste avant ?*, etc.

Les élèves suivent du doigt sur la planche le cours du jeu pour se préparer à répondre à une éventuelle interrogation.

On s'attardera surtout sur la série « 17, 16, 15… 11, 10, 9, 8… » et sur le franchissement des dizaines «…21, 20, 19… », «…31, 30, 29… », etc. Très vite, l'interrogation se déroule fichier fermé, sans le support de la planche. Ce jeu concerne les nombres de 69 à 100 après les séquences 29 et 32.

4 Le « Jeu du furet de 10 en 10 »
Ce jeu est introduit en séquence 17. À partir d'un nombre annoncé par l'enseignant, les élèves vont d'une case à l'autre en ajoutant 10. Cela revient à parcourir la planche en colonnes. On commence par la série : *dix, vingt, trente*, etc. Tant qu'on n'a pas étudié les nombres au-delà de 70 (sq 29), on fait « demi-tour » après « soixante » en repartant à l'envers : « *cinquante,… quarante* », etc.

Puis on explore des séries dont le point de départ est un nombre de 1 à 9 : *un, onze, vingt et un, trente et un… cinquante et un, soixante et un*. On repart alors à l'envers : *cinquante et un…*

Là aussi, les élèves suivent du doigt sur la planche le cours du jeu pour se préparer à répondre à une éventuelle interrogation.

Et là encore, très vite, on ferme le fichier et l'interrogation se déroule sans le support de la planche. Lorsque les nombres de 69 à 79, puis de 80 à 100 ont été étudiés (sq 29 et 32), le jeu concerne aussi ces nombres.

5 Les nombres après 69 sur la planche
À partir de la séquence 29, le *Jeu de la planche cachée* pourra concerner principalement les nombres de 60 à 79 puis, à partir de la séquence 32, de 60 à 100.

Il s'agit d'apprendre que, lorsque le nom d'un nombre commence par « soixante… », son écriture chiffrée commence soit par un « 6 », soit par un « 7 », **selon ce qu'on entend après « soixante »**.

Pour faciliter cette compréhension, nous avons adopté une **disposition** des boîtes et des billes **cohérente avec leur dénomination orale**. Par exemple, « soixante-treize » est représenté ici comme soixante billes et encore treize. Une fois cette disposition comprise, on insistera plutôt sur le fait que l'écriture chiffrée s'explique, comme toujours, en s'intéressant au nombre de groupes de 10 et au nombre d'unités isolées : soixante-treize, c'est aussi 7 groupes de 10 et 3 unités isolées. Dans le cadre du *Jeu de la planche cachée*, d'ailleurs, on ne privilégiera pas l'organisation en 6 et 1 par rapport à celle en 5 et 2, l'important étant que les élèves dessinent bien les 7 boîtes de 10 qui rendent compte de l'écriture chiffrée.

De même, lorsque le nom d'un nombre commence par « quatre-vingt… », son écriture chiffrée commence soit par un « 8 », soit par un « 9 », selon ce qu'on entend après… Remarquons qu'une case illustre la dénomination « quatre-vingts » comme 4 fois 20, et l'enseignant, bien entendu, pourra éventuellement l'utiliser pour établir que « quatre-vingts c'est aussi 8 groupes de 10 ». Cependant, de notre point de vue, la distinction sur laquelle il convient d'insister est celle qui est privilégiée par les autres dispositions retenues : elles mettent en valeur l'opposition entre les nombres qui commencent par « quatre-vingt… » et n'ont que « 8 dix », et ceux qui commencent aussi par « quatre-vingt… » mais ont « un groupe de 10 de plus ».

(voir double page suivante)

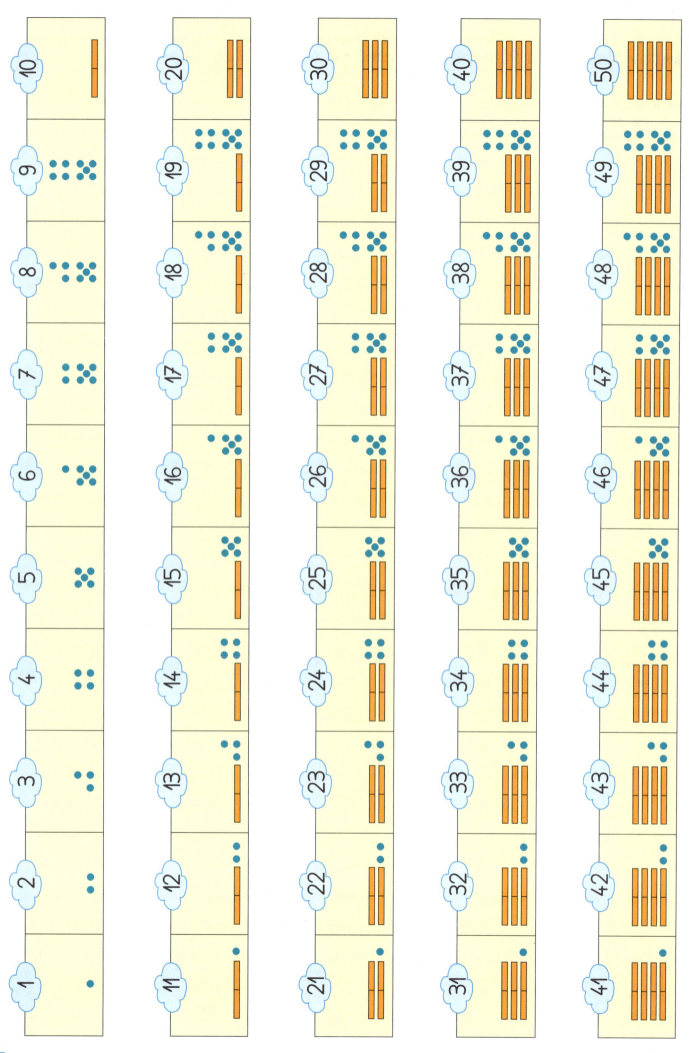

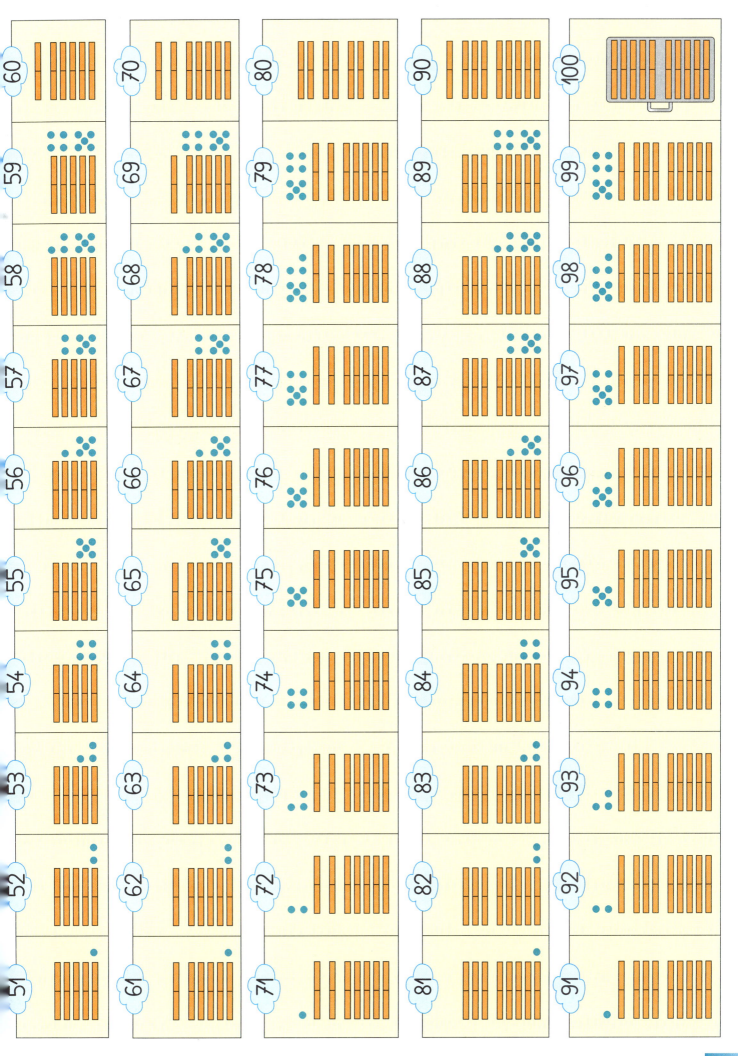

J'apprends les tables de multiplication

Au dos des cahiers, on voit souvent des tables de multiplication complètes, mais c'est avec celles-ci que tu apprendras le mieux. **Ne les complète pas !**

Dans la table des 4, les nombres vont de 4 en 4 : 4, 8, 12, 16, 20…
Si je veux savoir combien font *4 fois 6*…
… je cherche dans la *table de 4*, à la *6ᵉ case*. Après 20, c'est 24.
Si je veux savoir combien font *4 fois 9*…
… je cherche dans la *table de 4*, à la *9ᵉ case*. Avant 40, c'est 36.

Table de 6

6 fois 1	6 fois 2	6 fois 3	6 fois 4	6 fois 5
6	12			30

6 fois 6	6 fois 7	6 fois 8	6 fois 9	6 fois 10
				60

Table de 7

7 fois 1	7 fois 2	7 fois 3	7 fois 4	7 fois 5
7	14			35

7 fois 6	7 fois 7	7 fois 8	7 fois 9	7 fois 10
				70

Table de 8

8 fois 1	8 fois 2	8 fois 3	8 fois 4	8 fois 5
8	16			40

8 fois 6	8 fois 7	8 fois 8	8 fois 9	8 fois 10
				80

Table de 9

9 fois 1	9 fois 2	9 fois 3	9 fois 4	9 fois 5
9	18			45

9 fois 6	9 fois 7	9 fois 8	9 fois 9	9 fois 10
				90

Table de 10

10 fois 1	10 fois 2	10 fois 3	10 fois 4	10 fois 5
				50

10 fois 6	10 fois 7	10 fois 8	10 fois 9	10 fois 10
				100

Table de 3

3 fois 1	3 fois 2	3 fois 3	3 fois 4	3 fois 5
3	6			15

3 fois 6	3 fois 7	3 fois 8	3 fois 9	3 fois 10
				30

Table de 4

4 fois 1	4 fois 2	4 fois 3	4 fois 4	4 fois 5
4	8			20

4 fois 6	4 fois 7	4 fois 8	4 fois 9	4 fois 10
				40

Table de 5

5 fois 1	5 fois 2	5 fois 3	5 fois 4	5 fois 5
5	10			25

5 fois 6	5 fois 7	5 fois 8	5 fois 9	5 fois 10
				50

Maquette et réalisation : Studio Primart
Edition : Sylvie Cuchin, Céline Lorcher
Crédit photo p. 96 : Archives Nathan
N° éditeur : 1159

N° de projet : 10101128 - D.L. : Avril 2002
Achevé d'imprimer en mars 2003 sur les presses de l'imprimerie STIGE à San Mauro, Italie

Calque pour les activités de la séquence 81.

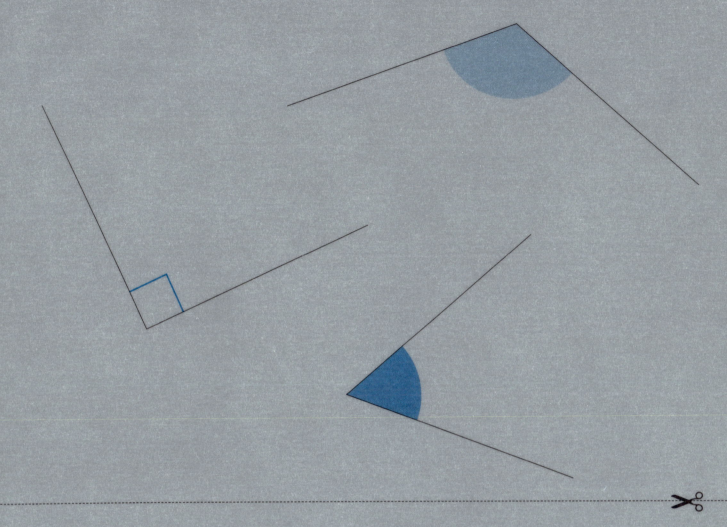

Calque pour les activités de la séquence 65.

Calque pour les activités de la séquence 81.

Calque pour les activités de la séquence 65.

J'apprends les Maths CE1 © RETZ/VUEF, 2002

un	deux	trois	quatre	cinq	six	sept	huit	neuf	dix
onze	douze	treize	quatorze	quinze	seize	dix-sept	dix-huit	dix-neuf	vingt
									trente
									quarante
									cinquante
									soixante
									cent

Matériel pour faciliter la lecture et l'écriture des nombres écrits en « lettres ».
La ligne de un à dix sert à partir de la séquence 1, la ligne de onze à vingt à partir de la séquence 5 et la colonne de dix à cent à partir de la séquence 19.

J'apprends les Maths CE1 © RETZ/VUEF, 2002

Place cette feuille dans une pochette plastique transparente et sers-toi d'un feutre effaçable à pointe fine.

Je dois calculer la soustraction : .... – .... =

Je dois calculer la soustraction : .... – .... =

Je dois calculer la soustraction : .... – .... =

Je dois calculer la soustraction : .... – .... =

Matériel à utiliser à partir de la séquence 59.

Planche de monnaie n° 1

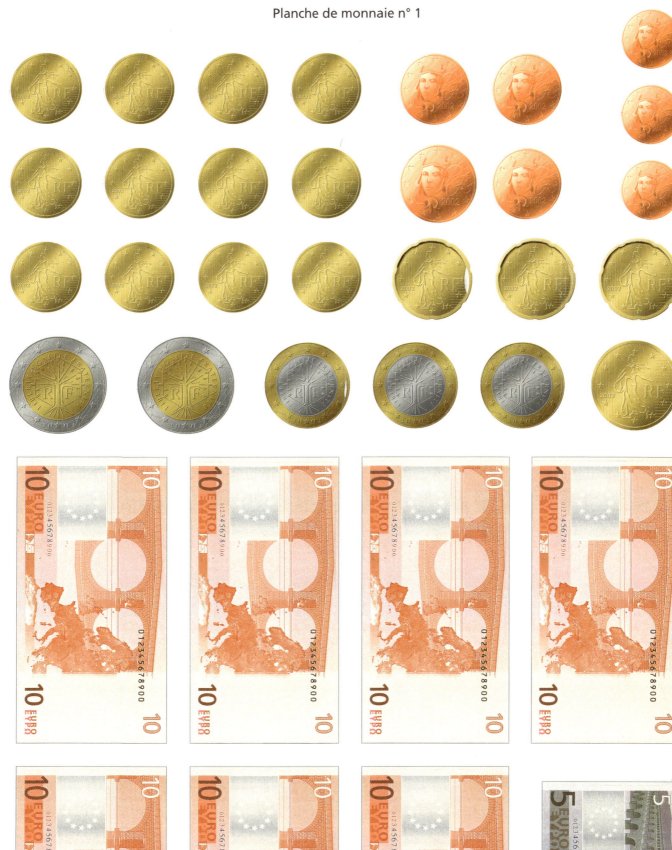

Ces deux planches identiques servent notamment aux activités des séquences 40, 44 et de la séquence 89 (pour les centimes).

J'apprends les Maths CE1 © RETZ/VUEF, 2002

Planche de monnaie n° 1

J'apprends les Maths CE1 © RETZ/VUEF, 2002

Planche de monnaie n° 2

J'apprends les Maths CE1 © RETZ/VUEF, 2002

Planche de monnaie n° 2

J'apprends les Maths CE1 © RETZ/VUEF, 2002

Matériel pour le jeu du **Mémotable** (séquences 100 et suivantes).

10	8	6
15	12	9
20	16	12
25	20	15
30	24	18
35	28	21
40	32	24
45	36	27

Matériel pour le jeu du **Mémotable** (séquences 100 et suivantes).

3 fois 2	4 fois 2	5 fois 2
3 fois 3	4 fois 3	5 fois 3
3 fois 4	4 fois 4	5 fois 4
3 fois 5	4 fois 5	5 fois 5
3 fois 6	4 fois 6	5 fois 6
3 fois 7	4 fois 7	5 fois 7
3 fois 8	4 fois 8	5 fois 8
3 fois 9	4 fois 9	5 fois 9

Matériel pour la séquence 97.

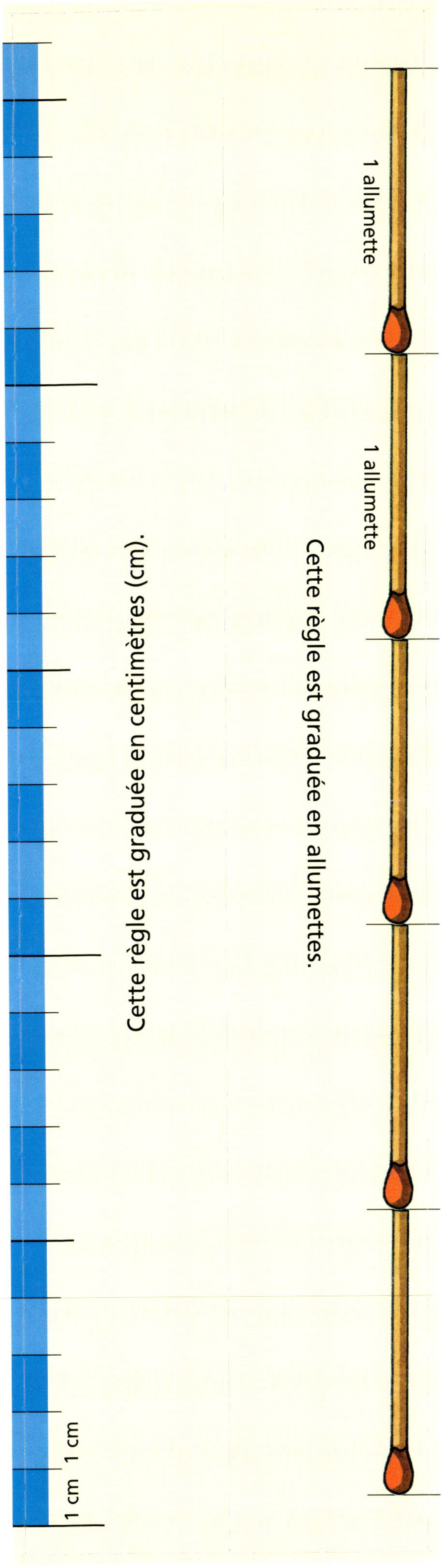

1 allumette

1 allumette

Cette règle est graduée en centimètres (cm).

Cette règle est graduée en allumettes.

1 cm 1 cm

1 cm

Matériel pour les séquences 15 et 16.

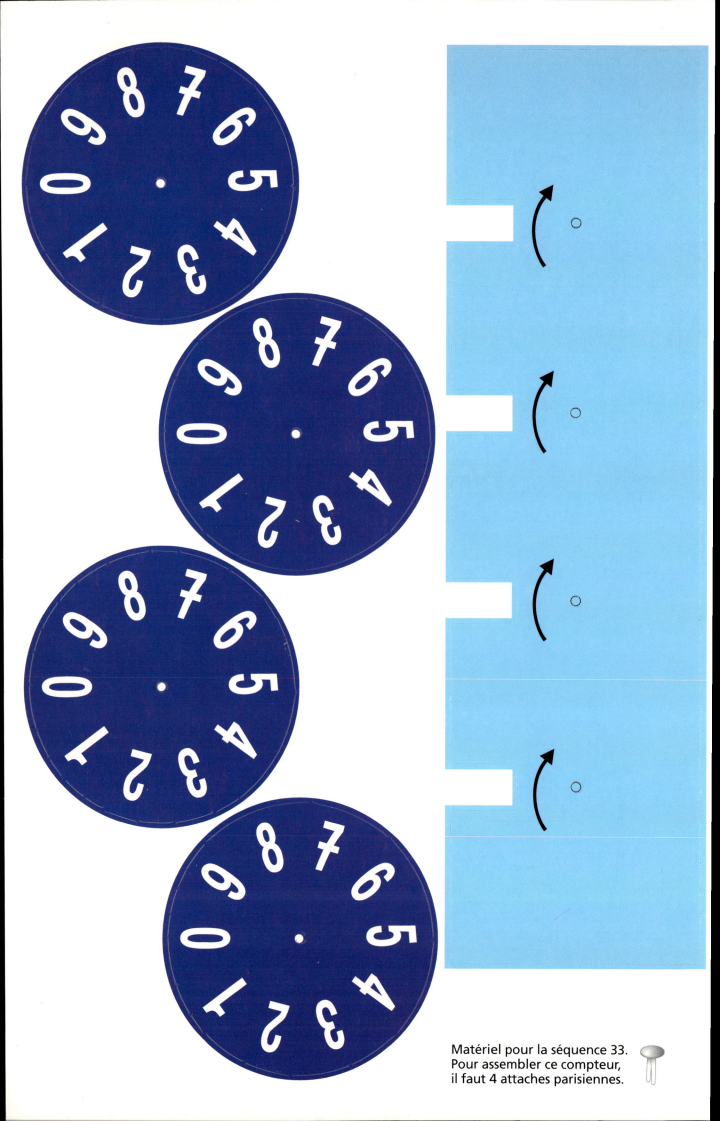

Matériel pour la séquence 33.
Pour assembler ce compteur,
il faut 4 attaches parisiennes.

Horloge utilisée avec une seule aiguille (celle des heures) à partir de la séquence 52. (À monter avec une attache parisienne.)

Aiguille de rechange.

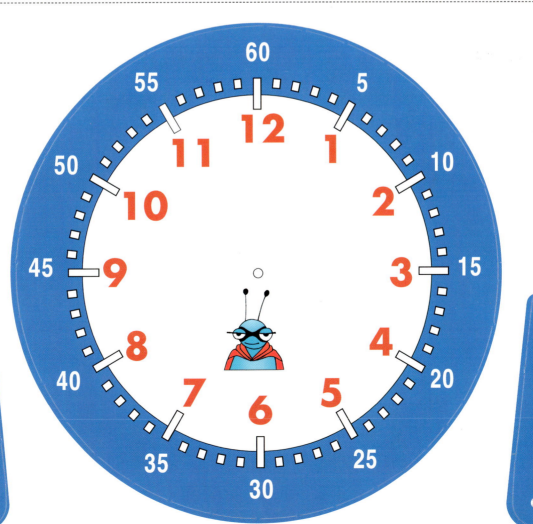

Horloge utilisée avec les deux sortes d'aiguille à partir de la séquence 90.

Aiguille de rechange.

Matériel pour la séquence 93.

Matériel pour la séquence 75.

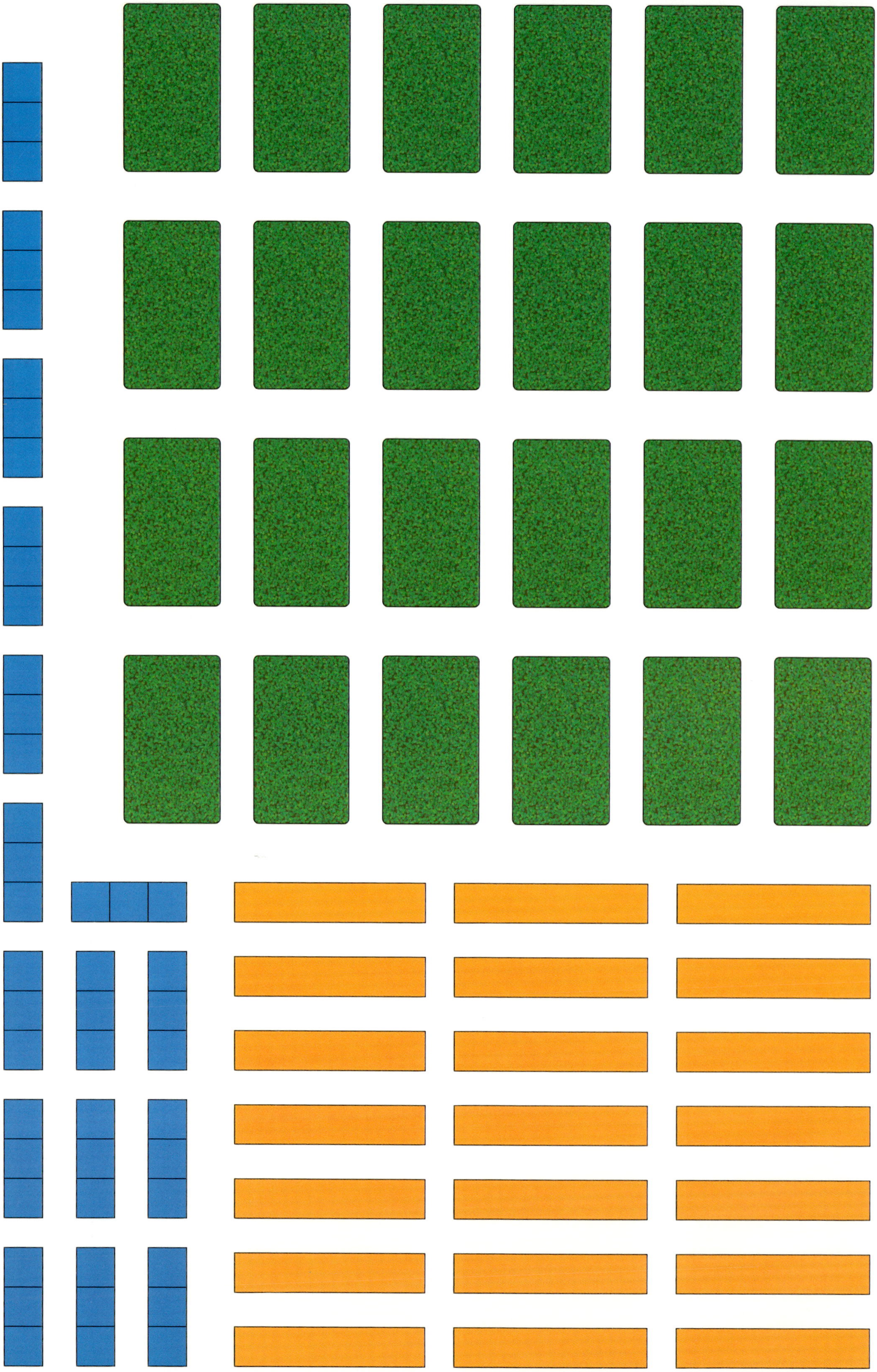